W0266077

Schülergrammatik Französisch

Autoren
Sigrid Kessler
Claude Gauthier
Rudolf Walther

Überarbeitung
Sigrid Kessler
Rudolf Walther

schul verlag plus

ilz

Interkantonale Lehrmittelzentrale, Rapperswil

11. unveränderte Auflage 2015

Das Lehrwerk «Schülergrammatik Französisch» besteht aus drei Teilen:

1.Teil:

SCHÜLERGRAMMATIK FRANZÖSISCH

eine Nachschlage-, Wiederholungs- und Lerngrammatik
Adressaten: Lernende
- die sich in der letzten Phase der Lehrbucharbeit befinden
- oder die Lehrbucharbeit bereits abgeschlossen haben.

2. Teil:

SCHÜLERGRAMMATIK FRANZÖSISCH ÜBUNGEN

Grammatikkenntnisse allein führen noch nicht zur Sprachbeherrschung.
Die praktische Anwendung des Gelernten ist unabdingbar.
Die vorliegenden Übungen folgen Kapitel für Kapitel der Schülergrammatik.

3.Teil:

SCHÜLERGRAMMATIK FRANZÖSISCH LÖSUNGEN

Die Möglichkeit der lehrerunabhängigen Selbstkontrolle ist eine wichtige Voraussetzung für selbständiges und selbstverantwortliches Lernen.

Ursprüngliche Fassung

Autoren
Sigrid Kessler, Basel
Claude Gauthier, Basel
Rudolf Walther, Bern

Beraterkommission
Dr. Helen Hauri BS (Vorsitz)
Christine Burkhardt BS
Claude Cramatte BL
Erwin Ingold FR
Paul Kaufmann SO
Werner Künzlor BE
Dr. Jean Racine SO
Charlotte Ritschard BE
Daniel Schniepper BS

Seitengestaltung
Rudolf Walther, Bern

Zeichnungen
Rolf Schmidt, Boll BE

Herausgeber
Interkantonale Lehrmittelzentrale, Rapperswil
Schulverlag plus AG

Überarbeitung

Autoren
Sigrid Kessler, Basel
Rudolf Walther, Belp

Seitengestaltung
Rudolf Walther, Belp

Zeichnungen
Rolf Schmidt, Boll BE

FSC
www.fsc.org
MIX
Papier aus verantwortungsvollen Quellen
FSC® C110508

Zur Überarbeitung der Schülergrammatik

Eine Überarbeitung der in der ganzen Deutschschweiz verwendeten Grammatik drängte sich nach der 10. Auflage zunächst **aus formalen Gründen** auf.

- Die graphische Darstellung musste zeitgemässen Ansprüchen angepasst werden.
- Die gedrängte Seitenfüllung wurde als lernerschwerend empfunden. Eine lockerere Verteilung des Stoffes erleichtert die Übersicht, erlaubt ein flüssigeres Lesen und erhöht die Aufnahmefähigkeit der Lernenden.

Aus folgenden Gründen erwies sich auch eine **inhaltliche Überarbeitung** als wünschenswert:

- Ursprünglich war die Schülergrammatik als Ergänzung zum Lehrwerk «BONNE CHANCE!» konzipiert. Da sie aber auch in Kantonen mit andern Basislehrmitteln verwendet wird, musste eine lehrwerkunabhängige Fassung erarbeitet werden.
  Die nötig gewordenen Änderungen resp. Ergänzungen betreffen in erster Linie das Kapitel «Das Verb und seine Formen». Die ungewohnte, neue Wege gehende Behandlung des Verbsystems in «Bonne chance!» wird in der Überarbeitung ausführlich und in kleinen Lernschritten entwickelt.
- Das Alter der Benützerinnen und Benützer der Schülergrammatik hat sich nach oben verschoben: sie wird heute bis ins 12./13. Schuljahr sowie an Pädagogischen Hochschulen eingesetzt. Das erforderte einige inhaltliche, von Lehrpersonen dieser Stufen ausdrücklich gewünschte Zusätze.

Alle andern inhaltlichen Änderungen sind auf das Bestreben zurückzuführen, das Konzept der ursprünglichen Fassung mit seinem Hauptprinzip **«Einfachheit, Klarheit und Übersichtlichkeit»** noch besser umzusetzen.

- Anstelle metasprachlicher Erklärungen **Vermittlung von Einsichten** durch **Visualisierung**
- **Übersichtlichere graphische Anordnung der Beispiele**
- **Gegenüberstellung** sich konkurrenzierender **französischer Formen**
- Hinweise auf **deutsch-französische Interferenzen**
- **Bessere Verknüpfung** der neuen Stoffe mit den bereits gelernten durch **sinnvollere Abfolge**
- Zusätzliche **Lern- und Einprägungshilfen**
- **Kennzeichnung** besonderer **Lernschwierigkeiten** durch **farbliche Hervorhebung**.

Hinweise für die Benützerinnen und Benützer

In dieser Grammatik finden Sie, übersichtlich zusammengestellt, in allgemein verständlicher Sprache kommentiert, mit zahlreichen Beispielen belegt, durch einprägsame Bilder, Symbole und Farben veranschaulicht,

- alles, was Sie während der Arbeit mit dem Lehrbuch gelernt haben
- sowie die vertiefenden Ergänzungen und neuen Stoffe der Folgestufe.

Benützerfreundlichkeit ist eines der wichtigsten Ziele dieser Grammatik.
Sie will Ihnen in den folgenden Situationen nachhaltige Hilfe leisten:

1. Situation: **Gedächtnislücken**
Das umfassende Register im Anhang erlaubt Ihnen ein schnelles Nachschlagen,
- wenn Sie vergeblich nach einer vergessenen Form suchen,
- wenn Sie von einer früher gelernten Regel nur noch vage Vorstellungen haben.

2. Situation: **Bedürfnis nach grösserer Klarheit**
Kleine Lernschritte, ausführliche Erklärungen, zahlreiche Verständnishilfen und Veranschaulichungen ermöglichen Ihnen ein systematisches Wiederholen und Nachlernen,
- wenn Sie die Übersicht über ein bereits gelerntes Kapitel verloren haben und ihre Kenntnisse ohne fremde Hilfe wieder auffrischen möchten,
- wenn Sie wegen Abwesenheit die Behandlung eines neuen Stoffes verpasst haben.

3. Situation: **Grammatikbesprechungen in der Fremdsprache**
Die Rubrik «Mots et expressions pour la classe de français» (S. 129) befähigt Sie, sich an einem französisch geführten Unterricht zu beteiligen. Dort finden Sie, den einzelnen Grammatikkapiteln zugeordnet, die wichtigsten französischen Begriffe und einige Regelformulierungen mit deutscher Übersetzung.

Praktische Hinweise zum Gebrauch der Grammatik

Zahlen

→ 10 Verweis auf Grammatikseiten mit verwandten und ergänzenden Stoffen.

Ü. 125 Verweis auf die dem entsprechenden Grammatikkapitel zugeordneten Seiten im Übungsbuch.

Symbole

Subjekt und Verb

Subjekt · konjugiertes Verb · Infinitiv · Participe passé

Die verschiedenen Compléments

Complément direct · Complément indirect mit **de** · Complément indirect mit **à**

Nomen:

Pronomen:

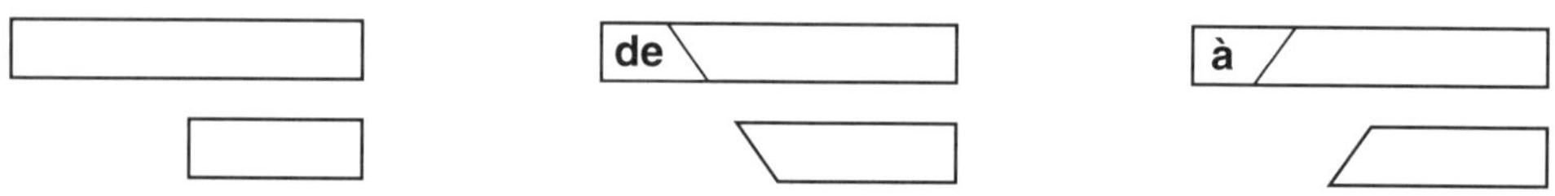

Register

Das ausführliche alphabetische Wort- und Sachregister im Anhang ist der **Schlüssel** zu dieser **Nachschlage-, Wiederholungs- und Lerngrammatik.**

Meistens finden Sie die gesuchte Information unter verschiedenen Stichwörtern.
So wird zum Beispiel unter «**p**articipe passé», unter «**a**ccord du participe passé» sowie unter «**V**eränderlichkeit des Participe passé» auf die Seiten verwiesen, auf denen das Problem der Participe-passé-Endungen behandelt wird.

In zahlreichen Fällen brauchen Sie die Grammatik gar nicht aufzschlagen; der Registereintrag gibt Ihnen bereits die gewünschte Auskunft.

Sie fragen sich zum Beispiel:	*Im Register steht:*	*Also heisst es:*
Wie lautet die Mehrzahl von «travail» und «détail»	travail (-aux) 93 détail (-ails) 93	**les travaux** **les détails**
Welches ist die weibliche Form von «frais»	frais (fraîche) 90	de l'eau **fraîche**
Wie wird «atterrir» konjugiert? *Welches Hilfsverb verlangt es?*	atterrir (wie finir) 18 Hilfsverb avoir 53	**ils atterrissent** **ils ont atterri**
Wie wird «demander» gebraucht? *- vor einem Nomen?* *- vor einem Infinitiv?* *- vor «que»?*	demander qch à qn 72 demander à qn de INF 80 demander que SUBJ 46	Je demande **le chemin à un passant.** Je demande **à Guy de venir.** Je demande **que vous m'écoutiez.**

Inhaltsverzeichnis

Das Verb und seine Formen

1 Der Infinitiv Ü. 1

Im Wörterbuch werden alle Verben stets **im Infinitiv**, in der Grundform aufgeführt.
Der Infintiv *(z.B. travailler)* besteht aus dem Stamm *(travaill-..)*, der die Bedeutung des Verbs anzeigt, und einer Endung *(-er)*.

Im Deutschen enden die Infinitive auf -**en**:	frag/**en**	nachdenk/**en**	antwort/**en**	enttäusch/**en**
Im Französischen gibt es 4 verschiedene Infinitivendungen: **-er, -ir, -re, -oir**	demand/**er**	réfléch/**ir**	répond/**re**	décev/**oir**

2 Die konjugierten Formen

Beim Sprechen (und Schreiben) brauchen wir nur selten den Infinitiv. Wir verwenden die Verben meistens in «abgewandelten» Formen mit den verschiedensten Endungen, den so genannten **konjugierten Formen**.

tu agis, il agira, nous agirions, ils agissaient, elle a agi, qu'il agisse, agissez etc.

Alle diese konjugierten Formen des Verbs *«agir»* geben nicht nur die Verbbedeutung «handeln» an, sie enthalten darüber hinaus Informationen über
- die **Person**, die handelt (ich, du, er/sie, wir, ihr, sie)
- die **Zeit**, in der sich die Handlung vollzieht (z. B. Présent, Imparfait, Passé composé, futur etc.)
- den **Modus** der Handlung. Geschieht sie wirklich (Indikativ) oder nur unter bestimmten Bedingungen (Conditionnel)? Oder ist sie nur gedacht oder gewünscht (Subjonctif) oder wird sie befohlen (Imperativ)?

Regelmässige und unregelmässige Verben

Wer die verschiedenen Formen des Verbs *«agir»* kennt, kann mit Leichtigkeit die entsprechenden Formen von *«finir», «remplir», «saisir»* und ein paar Dutzend anderen Verben bilden, die genau gleich konjugiert werden. Verben, die einer solchen Gruppe angehören, nennt man **regelmässige Verben.**
Es gibt aber auch eine grosse Anzahl von «Einzelgängern» wie zum Beispiel *faire, courir, voir.* Jedes dieser Verben hat seine eigene Konjugation. Solch «gruppenlose» Einzelgänger nennt man üblicherweise **unregelmässige Verben.**
Weil diese Verben sehr zahlreich sind, gilt das Französische allgemein als besonders schwierige Sprache. Wer kann schon pro Verb Dutzende von Formen auswendig lernen und sie dauernd im Gedächtnis behalten!
Die vorliegende Grammatik hat sich zum Ziel gesetzt, das Verbenlernen zu erleichtern, indem sie die Verben anders gruppiert, als das sonst üblich ist. Das hat zur Folge, dass das Gedächtnis wesentlich weniger belastet wird. Wie dies geschieht, wird auf den folgenden Seiten gezeigt. Hier vorläufig nur zwei Grundsätze:

Es gibt **nur 3 völlig unregelmässige Verben**, bei denen man sich jede Form einzeln einprägen muss: «avoir», «être» und «aller». → **S.14**

Von allen andern Verben muss man sich neben dem **Infinitiv nur 4 Schlüsselformen** merken
(z.B. prendre: je prends, nous prenons, ils prennent; j'ai pris).
Mit ihrer Hilfe kann man die andern Formen erschliessen*.
Auf den folgenden Seiten ist ausschliesslich von diesen Verben die Rede.

* Eine einzige Ausnahme ist das Passé simple, eine Zeit, die nur in der geschriebenen Sprache verwendet wird. → **10**

3 Das Présent und der Impératif (ohne avoir, être, aller) Ü. 1–3

Das Présent ist wegen seines Formenreichtums mit Abstand die schwierigste Zeit der französischen Verben. Wer das Présent beherrscht, hat dafür leichteren Zugang zu den andern Zeiten und Modi. Die ersten drei der vier Schlüsselformen, mit deren Hilfe man diese Zeiten und Modi erschliessen kann, gehören dem Présent an (z.B. je prends, nous prenons, ils prennent).
Bei allen Verben ausser *avoir, être* und *aller* lassen sich Regelmässigkeiten feststellen. Sie betreffen die **Endungen** und den **Stamm**.

Der Impératif ist eng mit dem Présent verwandt: seine Formen (z. B. prends, prenons, prenez) klingen gleich wie die entsprechenden Présent-Formen und werden auch gleich geschrieben. Ausnahme: -e statt -es (siehe Tabelle).

3.1 Die Endungen / Les terminaisons Ü. 1–3

Die Endungen der Einzahl (Présent und Impératif)

Présent und Impératif haben eine Besonderheit:
- In der **gesprochenen Sprache** klingen **alle Formen der Einzahl genau gleich**. Man hört nur den Stamm, der die Bedeutung ausdrückt, doch Endungen sind keine hörbar. Wer eine dieser Formen kennt, kennt auch die drei andern.
- In der **geschriebenen Sprache** dagegen haben diese gleich klingenden Formen **unhörbare Endungen**, welche die Personen bezeichnen. Es gibt zwei Endungsvarianten, nach denen man alle Verben zunächst in zwei grosse Gruppen einteilen kann: die **e-Verben** und die **s-Verben**.

Die e-Verben

Dazu gehören:
- alle Verben mit der Infinitivendung -er
- 5 Verben mit der Infinitivendung -ir
  cueillir, ouvrir, couvrir, offrir, souffrir
  (die so genannten cocos-Verben)

Die s-Verben

Dazu gehören
- die Verben mit der Infinitivendung -ir
  (ohne die 5 cocos-Verben)
- alle Verben mit der Infinitivendung -re und -oir

e-Verben Présent		Impératif	s-Verben Présent		Impératif
je	**e**		je	**s**	
tu	**es**	**e** *(ohne s!)*	tu	**s**	**s**
il/elle/on	**e**		il/elle/on	**t**	

Sonderformen:
il attend — *Wegfall des -t nach einem -d*
je/tu veux, je/tu peux — *nach einem -u wird die Endung -s durch ein -x ersetzt*

Die Endungen der Mehrzahl

e-Verben Présent		Impératif	s-Verben Présent		Impératif
nous	**ons**	**ons**	nous	**ons**	**ons**
vous	**ez**	**ez**	vous	**ez**	**ez**
ils/elles	**ent**		ils/elles	**ent**	

In der **Mehrzahl** haben e-Verben und s-Verben **dieselben Endungen**.

Sonderformen: vous faites, vous dites

3.2 Der Stamm / le thème

Ü.4

Die drei verschiedenen Farben in der folgenden Tabelle zeigen, dass die Verben im Présent **einen, zwei** oder einige sogar **drei Stämme** haben.

1 Stamm	**2 Stämme**		**3 Stämme**
z.B. porter	z.B. choisir		z.B. recevoir
je port e	je choisi s	je croi s	je reçoi s
tu port es	tu choisi s	tu croi s	tu reçoi s
il port e	il choisi t	il croi t	il reçoi t
ns port ons	ns choisiss ons	ns croy ons	ns recev ons
vs port ez	vs choisiss ez	vs croy ez	vs recev ez
ils port ent	ils choisiss ent	ils croi ent	ils reçoiv ent
Impérativ	**Impératif**		**Impératif**
port e	choisi s	croi s	reçoi s
port ons	choisiss ons	croy ons	recev ons
port ez	choisiss ez	croy ez	recev ez

1 Stamm: blau
Die **e-Verben** haben **einen einzigen Stamm** für Einzahl und Mehrzahl

2 Stämme: blau – gelb
Die **meisten s-Verben** haben:
- einen Stamm für die Einzahl
- einen Stamm für die ganze Mehrzahl

2 Stämme: blau – gelb – blau
Bei **einigen** gilt der **gelbe** Stamm nur für die 1. und 2. Person Plural.
In der 3. Person greifen sie den ersten Stamm wieder auf (**blau**).

3 Stämme: blau-gelb-grün
Einige **s-Verben** haben:
- einen Stamm für die Einzahl
- einen Stamm für die 1. und 2. Person Mehrzahl
- einen dritten Stamm für die 3. Person Plural (**grün**).

Beachte:

Viele Verben bilden Zusammensetzungen mit **re-** oder andern Vorsilben. Diese zusammengesetzten Verben *(Verbes composés)* werden selbstverständlich gleich konjugiert wie das Grundverb.

Grundverb:	mettre	porter	mener	venir	prendre
	remettre *übergeben etc.*	**ap**porter *(mit)bringen*	**a**mener *(mit)bringen*	**re**venir *wieder kommen*	**re**prendre *zurücknehmen*
	permettre *erlauben*	**rap**porter *zurückbringen*	**ra**mener *zurückbringen*	**de**venir *werden*	**ap**prendre *lernen*
	promettre *versprechen*	**em**porter *mitnehmen*	**em**mener *mitnehmen*	**par**venir *gelangen*	**com**prendre *verstehen*
	admettre *zulassen*	**sup**porter *ertragen*	**se pro**mener *spazieren*	**se sou**venir *sich erinnern*	**sur**prendre *überraschen*

4 Die Schlüsselformen als Einprägungshilfe

Ü.4

Es wäre sehr schwierig, sich zu jedem Verb einzuprägen, ob es einen, zwei oder drei Stämme hat. Das ist aber auch gar nicht nötig: es genügt, die Schlüsselformen sicher zu beherrschen.

	JE-Form		NOUS-Form		ILS-Form
PARLER	je parle	→	nous parlons	→	ils parlent
CHOISIR	je choisis	→	nous choisissons	→	ils choisissent
CROIRE	je crois	→	nous croyons	→	ils croient
RECEVOIR	je reçois	→	nous recevons	→	ils reçoivent

Wer diese drei Schlüsselformen kennt, kann alle andern Formen des Présent und des Impératif ableiten.

Von der **JE-Form** lassen sich alle Einzahlformen ableiten. (TU-Form, IL-Form, Impératif)

Von der **NOUS-Form** lässt sich die VOUS-Form ableiten, die immer denselben Stamm hat.
Ausnahmen: vous dites, vous faites

Die **ILS-Form** hat meistens denselben Stamm wie die NOUS-Form und die VOUS-Form.
Man muss sie sich dennoch einprägen, weil einige Verben einen **neuen** (3.) Stamm haben oder den Stamm **der JE-Form** wieder aufnehmen.

Von diesen 3 Schlüsselformen lassen sich ausserdem einige andere Zeiten und Modi ableiten.

Der Stamm der **NOUS-Form** dient zur Bildung
- **des Imparfait**
- **des Gérondif und**
- **des Participe présent**

Der Stamm der **ILS-Form** dient zur Bildung
- **des Subjonctif présent** → **8**

Die 4. Schlüsselform: → **11**

Schlüsselformen und Konjugationsgruppen

Was sind Konjugationsgruppen? Es sind kleinere und grössere Gruppen von Verben, die die Schlüsselformen nach demselben Muster bilden. Wer die Schlüsselformen eines einzigen dieser Verben kennt, kann die Formen aller andern Verben derselben Gruppe bilden. Die Konjugationsgruppen entlasten also das Gedächtnis beim Lernen.

- Die grösste Konjugationsgruppe bilden die **e-Verben** (Infinitivendung **-er**). Sie umfasst mehrere tausend Verben. Neugebildete Verben gehören immer dieser Gruppe an, zum Beispiel *surfer, faxer, zapper, shooter.*
- Die zweitgrösste Gruppe umfasst gegen 300 **s-Verben** mit denselben Schlüsselformen wie *finir, agir* etc.
- Daneben gibt es noch einige kleinere Gruppen von s-Verben.

Die folgende Doppelseite bietet eine Übersicht über die Konjugationsgruppen. → **6–7**

Schlüsselformen und Einzelverben

Unten auf der Übersichtstabelle (→ **6–7**) werden eine Reihe von Verben aufgeführt, die keiner Konjugationsgruppe angehören. Die Schlüsselformen dieser sehr häufig gebrauchten Verben muss man gesondert auswendig lernen.

5 Übersicht über Verbgruppen und Einzelverben (Die Nummern beziehen sich auf die Verbentabelle → 13–27)

-er

1 Hauptgruppe
1 Stamm

je	parl e	**parler**
ns	parl ons	aimer
ils	parl ent	bavarder
		chercher
		donner
		entrer
		fermer
		grimper
		habiter
		inventer
		laver
		monter

(mehrere tausend Verben)

1.1 Verben auf -ger

ns	mang eons	**manger**
		nager

1.2 Verben auf -cer

ns	lanç ons	**lancer**
		effacer

«Verbes du rez-de-chaussée»
(Der Stamm ändert sich leicht vor stummem e und ent)

1.3

	mener		jeter		espérer		envoyer
je	mèn e	je	jett e	j'	espèr e	j'	envoi e
ns	men ons	ns	jet ons	ns	espér ons	ns	envoy ons
ils	mèn ent	ils	jett ent	ils	espèr ent	ils	envoi ent
			appeler				
	acheter	j'	appell e		exagérer		ennuyer
	enlever	ns	appel ons		inquiéter		nettoyer
	peser	ils	appell ent		protéger		essayer
	promener		épeler		sécher		payer

-ir

2 Hauptgruppe:
2 Stämme

je	fini s	**finir**
ns	finiss ons	agir
ils	finiss ent	choisir
		démolir
		guérir
		maigrir
		obéir
		réagir
		réfléchir
		remplir
		réussir
		vieillir

(ca. 300 Verben)

2.1 Gruppe «cocos»
1 Stamm

je	cueill **e**	**cueillir**
tu	cueill **es**	ouvrir
il	cueill **e**	couvrir
ns	cueill ons	offrir
vs	cueill ez	souffrir
ils	cueill ent	

2.2 Gruppe «mir-tir-vir»
2 Stämme

je	dor s	**dormir**
ns	dorm ons	mentir
ils	dorm ent	partir
		sentir
		sortir
		servir

Einzelverben auf -ir

- 2.3 courir
- 2.4 mourir
- 2.5 fuir
- 2.6 venir / tenir

-re

3 Hauptgruppe: **-dre/**
2 Stämme

j' **attend** s*	**attendre**
ns **attend** ons**	confondre
ils **attend** ent**	descendre
* «d» nicht hörbar	entendre
** «d» hörbar	perdre
	rendre
	répondre
(ca. 30 Verben)	vendre etc.
	aber:
	rompre
	il romp**t**

3.1 Gruppe **-uire**
2 Stämme

je **condui** s	**conduire**
ns **conduis** ons	construire
ils **conduis** ent	détruire
	réduire
	produire
	traduire

3.2 Gruppe **-indre**
2 Stämme

je **crain** s	**craindre**
ns **craign** ons	atteindre
ils **craign** ent	éteindre
	joindre
	peindre
	plaindre

3.3 Gruppe **-aître**
2 Stämme

je **connai** s	**connaître**
ns **connaiss** ons	paraître
ils **connaiss** ent	apparaître
	disparaître
	naître

Einzelverben auf -re

- **3.4** battre
- **3.5** boire
- **3.6** croire
- **3.7** dire
- **3.8** écrire
- **3.9** faire
- **3.10** lire
- **3.11** mettre
- **3.12** plaire
- **3.13** prendre
- **3.14** rire
- **3.15** suffire
- **3.16** suivre
- **3.17** se taire
- **3.18** vivre

-oir

4 Hauptgruppe: **-evoir**
3 Stämme

je **reçoi** s	**recevoir**
ns **recev** ons	apercevoir
ils **reçoiv** ent	devoir
	décevoir

(nur wenige Verben)

Einzelverben auf -oir

- **4.1** s'asseoir
- **4.2** falloir
- **4.3** valoir
- **4.4** pleuvoir
- **4.5** pouvoir
- **4.6** savoir
- **4.7** voir
- **4.8** vouloir

Die drei unregelmässigen Verben

- **0.1** avoir
- **0.2** être
- **0.3** aller

6 Die Bildung der andern einfachen Zeiten und Modi

Regelmässige Bildung
Mit Ausnahme des nur in der Schriftsprache verwendeten Passé simple (→ **10**) können alle einfachen Zeiten und

2. Schlüsselform

ns	pren	ons
ns	buv	ons
ns	dev	ons

↓

Imparfait

je	…	ais
tu	…	ais
il	…	ait
ns	…	ions
vs	…	iez
ils	…	aient

3. Schlüsselform

ils	prenn	ent
ils	boiv	ent
ils	doiv	ent

↓

Subjonctif présent

que	je	…	e
que	tu	…	es
qu'	il	…	e
que	ns	…	ions
que	vs	…	iez
qu'	ils	…	ent

Die NOUS- und VOUS-Formen von Imparfait und Subjonctif sind immer gleich.

2. Schlüsselform

ns	finiss	ons
ns	fais	ons
ns	croy	ons

↓

Gérondif

en … ant

Participe présent

… ant

Sonderformen mit unregelmässigem Stamm

être: j' **ét**ais
tu **ét**ais
il **ét**ait
ns **ét**ions
vs **ét**iez
ils **ét**aient

faire: que je **fasse**
ns **fass**ions
savoir: que je **sache**
ns **sach**ions
pouvoir: que je **puisse**
ns **puiss**ions
pleuvoir: qu' il **pleuve**
vouloir: que je **veuille**
ns voulions
qu' ils **veuill**ent
valoir: que je **vaille**
ns valions
qu' ils **vaill**ent
falloir: qu' il **faille**
aller: que j' **aille**
que ns allions
qu' ils **aill**ent

avoir:	être:
que j' aie	que je sois
que tu aies	que tu sois
qu' il **ait**	qu' il soit
que ns ayons	que ns soyons
que vs ayez	que vs soyez
qu' ils aient	qu' ils soient

savoir: en sach**ant**
sach**ant**

avoir: en **ay**ant
ayant

être: en **ét**ant
étant

Ü. 6–8, 13

Modi von den ersten drei Schlüsselformen (→ 5) oder vom Infinitiv abgeleitet werden.

Infinitiv

parler
finir
rendre — ohne ~~e~~
devoir — ohne ~~oi~~

↓

Futur

je	r	ai
tu	r	as
il	r	a
ns	r	ons
vs	r	ez
ils	r	ont

Conditionnel I

je	r	ais
tu	r	ais
il	r	ait
ns	r	ions
vs	r	iez
ils	r	aient

Das Merkmal der Futur- und Conditionnelformen ist das -r- vor der Endung.

Ausnahme:

Verbes du rez-de-chaussée* → 16
Futur/Conditionnel werden nicht vom Infinitiv abgeleitet, sondern von der **1. Schlüsselform + r**

Futur				Conditionnel I			
je	nettoie	r	ai	je	nettoie	r	ais
tu	jette	r	as	tu	jette	r	ais
il	mène	r	a	il	mène	r	ait
ns	répète	r	ons	ns	répète	r	ions
vs	apelle	r	ez	vs	apelle	r	iez
ils	achète	r	ont	ils	achète	r	aient

**Verben auf -er, deren Stamm sich vor stummem e und ent leicht ändert.*

Sonderformen mit unregelmässigem Stamm

	Futur	Conditionnel I
faire:	je **fer**ai	je **fer**ais
cueillir:	je **cueiller**ai	je **cueiller**ais
vouloir:	je **voudr**ai	je **voudr**ais
valoir:	je **vaudr**ai	je **vaudr**ais
falloir:	il **faudr**a	il **faudr**ait
venir:	je **viendr**ai	je **viendr**ais
tenir:	je **tiendr**ai	je **tiendr**ais
pouvoir:	je **pourr**ai	je **pourr**ais
courir:	je **courr**ai	je **courr**ais
voir:	je **verr**ai	je **verr**ais
envoyer:	j' **enverr**ai	j' **enverr**ais
mourir:	je **mourr**ai	je **mourr**ais
s'asseoir:	je m'**assiér**ai	je m'**assiér**ais
savoir:	je **saur**ai	je **saur**ais
avoir:	j' **aur**ai	j' **aur**ais
être:	je **ser**ai	je **ser**ais
aller:	j' **ir**ai	j' **ir**ais

7 Das Passé simple

Ü. 9–12

Verben auf -er

Vokal **a/è**

trouver	
je	trouv**ai**
tu	trouv**as**
il	trouv**a**
ns	trouv**âmes**
vs	trouv**âtes**
ils	trouv**èrent**

Alle andern Verben

Vokal **i** oder Vokal **u**

sortir		**prendre**		**connaître**		**vouloir**	
je	sort**is**	je	pr**is**	je	conn**us**	je	voul**us**
tu	sort**is**	tu	pr**is**	tu	conn**us**	tu	voul**us**
il	sort**it**	il	pr**it**	il	conn**ut**	il	voul**ut**
ns	sort**îmes**	ns	pr**îmes**	ns	conn**ûmes**	ns	voul**ûmes**
vs	sort**îtes**	vs	pr**îtes**	vs	conn**ûtes**	vs	voul**ûtes**
ils	sort**irent**	ils	pr**irent**	ils	conn**urent**	ils	voul**urent**

Vergleich mit dem Participe passé: sorti – pris – connu – voulu

- Die Verben auf -er bilden eine Gruppe für sich.
- Die Endungen aller andern Verben unterscheiden sich nur durch den Vokal. Dieser stimmt oft mit dem Vokal des Participe passé überein.
- In der folgenden Liste sind alle Verben, bei denen die Einzahlformen Passé simple und Participe passé nicht genau gleich klingen, mit ≠ markiert. (Diese Formen muss man sich besonders gut einprägen.)

Verben auf -ir

Hauptgruppe:	il finit		fini
Gruppe «cocos»:	il cueillit		cueilli
	il ouvrit	≠	ouvert
	il couvrit	≠	couvert
	il offrit	≠	offert
	il souffrit	≠	souffert
Gruppe «mir-tir-vir»:	il dormit		dormi
	il partit		parti
	il servit		servi
Einzelverben:			
courir	il courut		couru
mourir	il mourut	≠	mort
fuir	il fuit		fui
venir/tenir	je vins/tins	≠	venu/tenu
	tu vins/tins		
	il vint/tint		
	ns vînmes/tînmes		
	vs vîntes/tîntes		
	ils vinrent/tinrent		

Verben auf -re

Hauptgruppe:	il attendit	≠	attendu
Gruppe «-uire»:	il conduisit	≠	conduit
Gruppe «-indre»:	il peignit	≠	peint
Gruppe «-aître»:	il apparut		apparu
Ausnahme: naître	il naquit	≠	né
Einzelverben:			
battre	il battit	≠	battu
boire	il but		bu
croire	il crut		cru
dire	il dit		dit
écrire	il écrivit	≠	écrit
être	il fut	≠	été
faire	il fit	≠	fait
lire	il lut		lu
mettre	il mit		mis
plaire	il plut		plu
prendre	il prit		pris
rire	il rit		ri
suffire	il suffit		suffi
suivre	il suivit		suivi
se taire	il se tut		tu
vivre	il vécut		vécu

Verben auf -oir

Gruppe «-evoir»:	il reçut		reçu
Einzelverben:			
s'asseoir	il s'assit		assis
avoir	il eut		eu
falloir	il fallut		fallu
pleuvoir	il plut		plu
pouvoir	il put		pu
savoir	il sut		su
valoir	il valut		valu
vouloir	il voulut		voulu
voir	il vit	≠	vu

8 Die vierte Schlüsselform

	1.		2.		3.		4. Schlüsselform
NAGER	je nage	→	nous nageons	→	ils nagent	→	j'ai nagé
SORTIR	je sors	→	nous sortons	→	ils sortent	→	je suis sorti(e)
COURIR	je cours	→	nous courons	→	ils courent	→	j'ai couru
SE LEVER	je me lève	→	nous nous levons	→	ils se lèvent	→	je me suis levé(e)
							= Passé composé

Als **vierte Schlüsselform** dient die 1. Person Singular des **Passé composé**.
Das Passé composé ist – wie sein Name sagt – eine zusammengesetzte Zeit. Es besteht aus zwei Verbformen.

1. aus dem Hilfsverb **avoir** oder **être** im Présent
2. aus dem Participe passé des **Hauptverbs**

Wer diese vierte Schlüsselform sicher beherrscht, kann alle andern zusammengesetzten Zeiten ableiten und weiss von jedem Verb, ob es mit «avoir» oder «être» konjugiert wird.
Der Gebrauch der Hilfsverben «avoir» und «être» → **52**

9 Die zusammengesetzten Zeiten

9.1 «Avoir» oder «être» + Participe passé

Zu jeder einfachen Zeit gehört eine **zusammengesetzte Zeit**, die eine **Vorzeitigkeit** ausdrückt.

Einfache Zeit	**Zusammengesetzte Zeit**			*Hilfsverb*	*Hauptverb*
Présent	**Passé composé**				
Je mange	J'	ai	mangé	Présent	Participe passé
Je pars	Je	suis	parti(e)		
Imparfait	**Plus-que-parfait**				
Je mangeais	J'	**avais**	mangé	Imparfait	Participe passé
Je partais	Je	**étais**	parti(e)		
Futur I	**Futur II**				
Je mangerai	J'	**aurai**	mangé	Futur I	Participe passé
Je partirai	Je	**serai**	parti(e)		
Conditionnel I	**Conditionnel II**				
Je mangerais	J'	**aurais**	mangé	Conditionnel I	Participe passé
Je partirais	Je	**serais**	parti(e)		
Subjonctif présent	**Subjonctif passé**				
que je mange	que j'	**aie**	mangé	Subj. présent	Participe passé
que je parte	que je	**sois**	parti(e)		
Passé simple	**Passé antérieur**				
Je mangeai	J'	**eus**	mangé	Passé simple	Participe passé
Je partis	Je	**fus**	parti(e)		

9.2 «Aller» + Infinitiv = Futur composé

je	**vais**	essayer
tu	**vas**	comprendre
il	**va**	se souvenir
nous	**allons**	partir
vous	**allez**	camper
ils	**vont**	se reposer

Présent des Hilfsverbs **«aller»**	+	Infinitiv des Hauptverbs

In einem Text in der Vergangenheit kann man der Verbindung «*aller* + *Infinitiv*» ebenfalls begegnen. «*Aller*» steht dann **immer** im **Imparfait**.

J'ai vu que le petit **allait pleurer**.
… dass er nahe am Weinen war.

J'**allais dire** une bêtise.
Ich war nahe daran, etwas Dummes zu sagen.

9.3 «Venir de» + Infinitiv = Unmittelbare Vergangenheit / Passé récent

Jeanne n'est plus là. Elle **vient de** partir.
Sie ist soeben fortgegangen.

Die Verbindung «*venir de* + *Infinitif*» kommt auch in einem Text in der Vergangenheit vor. «*Venir de*» steht dann immer im Imparfait.

Jeanne n'était plus là. Elle **venait de** partir.
Sie war soeben fortgegangen.

10 Verbentabelle

Ü. 14–17

Die 3 unregelmässigen Verben → 14–15

0.1 avoir
0.2 être
0.3 aller

Verben auf -er → 14–17

1 Hauptgruppe:
aimer, bavarder, chercher, donner, entrer, fermer, grimper, habiter, inventer, laver, monter, parler etc.
1.1 manger, nager
1.2 lancer, effacer, placer

1.3 Gruppe «Verbes du rez-de-chaussée»
mener, acheter, enlever, peser, promener
appeler, épeler, jeter, espérer, exagérer, inquiéter, protéger, sécher, envoyer, nettoyer, essayer, payer, appuyer

Verben auf -ir → 18–19

2 Hauptgruppe «-iss-»:
agir, choisir, démolir, finir, guérir, maigrir, obéir réagir, réfléchir, remplir, réussir, vieillir etc.

2.1 Gruppe «cocos»
cueillir, ouvrir, couvrir, offrir, souffrir

2.2 Gruppe «mir-tir-vir»
dormir, mentir, partir, sentir, sortir, servir

Einzelverben auf -ir
2.3 courir
2.4 mourir
2.5 fuir
2.6 venir, tenir

Verben auf -re → 20–25

3 Hauptgruppe «-dre»:
attendre, confondre, descendre, entendre, perdre, rendre, répondre, vendre etc.

rompre

3.1 Gruppe «-uire»
conduire, construire, détruire, réduire, produire, traduire etc.

3.2 Gruppe «-indre»
atteindre, craindre, éteindre, joindre, peindre, etc.

3.3 Gruppe «-aître»
apparaître, connaître, disparaître, naître etc.

Einzelverben auf -re

3.4	battre	**3.9**	faire	**3.14**	rire
3.5	boire	**3.10**	lire	**3.15**	suffire
3.6	croire	**3.11**	mettre	**3.16**	suivre
3.7	dire	**3.12**	plaire	**3.17**	se taire
3.8	écrire	**3.13**	prendre	**3.18**	vivre

Verben auf -oir → 26–27

4 Hauptgruppe «-evoir»
apercevoir, devoir, décevoir, recevoir etc.

Einzelverben auf -oir

4.1	s'asseoir	**4.5**	pouvoir
4.2	falloir	**4.6**	savoir
4.3	valoir	**4.7**	voir
4.4	pleuvoir	**4.8**	vouloir

Die 3 unregelmässigen Verben

Infinitif	Présent	Imparfait	Subjonctif présent	Gérondif
0.1 avoir	j' ai tu as il a ns avons vs avez ils ont	j' avais tu avais il avait ns avions vs aviez ils avaient	que j' aie tu aies il ait ns ayons vs ayez ils aient	en ayant
0.2 être	je suis tu es il est ns sommes vs êtes ils sont	j' étais tu étais il était ns étions vs étiez ils étaient	que je sois tu sois il soit ns soyons vs soyez ils soient	en étant
0.3 aller	je vais tu vas il va ns allons vs allez ils vont	j' allais tu allais il allait ns allions ↔ vs alliez ↔ ils allaient	que j' aille tu ailles il aille ns allions vs alliez ils aillent	en allant

Verben auf -er

1 Hauptgruppe: 1 Stamm

	Présent	Imparfait	Subjonctif présent	Gérondif
parler	je parl e tu parl es il parl e ns parl ons vs parl ez ils parl ent	je parl ais tu parl ais il parl ait ns parl ions ↔ vs parl iez ↔ ils parl aient	que je parl e tu parl es il parl e ns parl ions vs parl iez ils parl ent	en parl ant
1.1 nager Verben auf **-ger**: eingeschobenes **-e-** vor «o» und «a»	je nag e tu nag es il nag e ns nag e ons vs nag ez ils nag ent	je nag e ais tu nag e ais il nag e ait ns nag ions ↔ vs nag iez ↔ ils nag e aient	que je nag e tu nag es il nag e ns nag ions vs nag iez ils nag ent	en nag e ant
1.2 placer Verben auf **-cer**: ç vor «o» und «a»	je plac e tu plac es il plac e ns plaç ons vs plac ez ils plac ent	je plaç ais tu plaç ais il plaç ait ns plac ions ↔ vs plac iez ↔ ils plaç aient	que je plac e tu plac es il plac e ns plac ions vs plac iez ils plac ent	en plaç ant

Futur / Conditionnel			Passé composé			Passé simple		Beachte:
j'	**aur**ai	/ ais	j'	ai	**eu**	j'	**eus**	Impératif: **aie**
tu	**aur**as	/ ais	tu	as	**eu**	tu	**eus**	**ayons**
il	**aur**a	/ ait	il	a	**eu**	il	**eut**	**ayez**
ns	**aur**ons	/ ions	ns	avons	**eu**	ns	**eûmes**	
vs	**aur**ez	/ iez	vs	avez	**eu**	vs	**eûtes**	
ils	**aur**ont	/ aient	ils	ont	**eu**	ils	**eurent**	

je	**ser**ai	/ ais	j'	ai	**été**	je	**fus**	Impératif: **sois**
tu	**ser**as	/ ais	tu	as	**été**	tu	**fus**	**soyons**
il	**ser**a	/ ait	il	a	**été**	il	**fut**	**soyez**
ns	**ser**ons	/ ions	ns	avons	**été**	ns	**fûmes**	
vs	**ser**ez	/ iez	vs	avez	**été**	vs	**fûtes**	
ils	**ser**ont	/ aient	ils	ont	**été**	ils	**furent**	

j'	**ir**ai	/ ais	je	suis	allé(e)	j'	**allai**	Impératif: **va (vas-y!)**
tu	**ir**as	/ ais	tu	es	allé(e)	tu	**allas**	**allons**
il	**ir**a	/ ait	il	est	allé	il	**alla**	**allez**
ns	**ir**ons	/ ions	ns	sommes	allé(e)s	ns	**allâmes**	
vs	**ir**ez	/ iez	vs	êtes	allé(e)s	vs	**allâtes**	
ils	**ir**ont	/ aient	ils	sont	allés	ils	**allèrent**	

Ü. 14

je	parler	ai	/ ais	j'ai parlé	je	parlai	
tu		as	/ ais		tu	parlas	
il		a	/ ait		il	parla	
ns		ons	/ ions		ns	parlâmes	
vs		ez	/ iez		vs	parlâtes	
ils		ont	/ aient		ils	parlèrent	

je	nager	ai	/ ais	j'ai nagé	je	nag**e**ai	g wird zu ge vor **o** und **a**
tu		as	/ ais		tu	nag**e**as	
il		a	/ ait		il	nag**e**a	
ns		ons	/ ions		ns	nag**e**âmes	
vs		ez	/ iez		vs	nag**e**âtes	
ils		ont	/ aient		ils	nag èrent	

je	placer	ai	/ ais	j'ai placé	je	pla**ç**ai	c wird zu **ç** vor **o** und **a**
tu		as	/ ais		tu	pla**ç**as	
il		a	/ ait		il	pla**ç**a	
ns		ons	/ ions		ns	pla**ç**âmes	
vs		ez	/ iez		vs	pla**ç**âtes	
ils		ont	/ aient		ils	placèrent	

Infinitif	Présent	Imparfait		Subjonctif présent	Gérondif

1.3 Gruppe «Verbes du rez-de chaussée»: Stammanpassung vor stummem e und ent

Infinitif	Présent	Imparfait		Subjonctif présent	Gérondif
mener	je mèn e	je men ais		que je mèn e	en men ant
acheter	tu mèn es	tu ais		tu es	
geler	il mèn e	il ait		il e	
peser etc.	ns men ons	ns ions	↔	ns men ions	
e wird è	vs men ez	vs iez	↔	vs iez	
vor stummem e	ils mèn ent	ils aient		ils mèn ent	

Infinitif	Présent	Imparfait		Subjonctif présent	Gérondif
jeter	je jett e	je jet ais		que je jett e	en jet ant
appeler	tu es	tu ais		tu es	
épeler	il e	il ait		il e	
etc.	ns jet ons	ns ions	↔	ns jet ions	
el/et wird **ell/ett**	vs ez	vs iez	↔	vs iez	
vor stummem e	ils jett ent	ils aient		ils jett ent	

Infinitif	Présent	Imparfait		Subjonctif présent	Gérondif
sécher	je sèch e	je séch ais		que je sèch e	en séch ant
compléter	tu es	tu ais		tu es	
exagérer	il e	il ait		il e	
répéter etc.	ns séch ons	ns ions	↔	ns séch ions	
é wird è	vs ez	vs iez	↔	vs iez	
vor stummem e	ils sèch ent	ils aient		ils sèch ent	

Infinitif	Présent	Imparfait		Subjonctif présent	Gérondif
nettoyer	je nettoi e	je nettoy ais		que je nettoi e	en nettoy ant
payer	tu es	tu ais		tu es	
appuyer	il e	il ait		il e	
etc.	ns nettoy ons	ns ions	↔	ns nettoy ions	
y wird i	vs ez	vs iez	↔	vs iez	
vor stummem e	ils nettoi ent	ils aient		ils nettoi ent	

envoyer wie nettoyer aber unregelmässiger Futur/Conditionnel-Stamm

Futur/Conditionnel	Passé composé	Passé simple	Beachte:
			Ü. 13
je **mène** r ai / ais tu r as / ais il r a / ait ns r ons / ions vs r ez / iez ils r ont / aient	j'ai mené	je men ai tu as il a ns âmes vs âtes ils èrent	**è** auch im Futur und Conditionnel
je **jette** r ai /ais tu r as /ais il r a /ait ns r ons /ions vs r ez /iez ils r ont /aient	j'ai jeté	je jet ai tu as il a ns âmes vs âtes ils èrent	-**ell**/-**ett** auch im Futur und Conditionnel
je **sèche** r ai / ais tu r as / ais il r a / ait ns r ons / ions vs r ez / iez ils r ont / aient	j'ai séché	je séch ai tu as il a ns âmes vs âtes ils èrent	**Futur/Conditionnel:** Die Schreibweise mit **è**, erst seit 1976 zugelassen, entspricht der Aussprache. (Vor 1976 war **é** obligatorisch).
je **nettoie** r ai / ais tu r as / ais il r a / ait ns r ons / ions vs r ez / iez ils r ont / aient	j'ai nettoyé	je nettoy ai tu as il a ns âmes vs âtes ils èrent	**i** auch im Futur/Conditionnel Verben auf **-ayer**: **y** in allen Formen zulässig Imparfait und Subjonctif: netto**yi**ons/netto**yi**ez
j' **enverr** ai / ais			

Verben auf -ir

Infinitif	Présent	Imparfait		Subjonctif présent	Gérondif

2 Hauptgruppe: 2 Stämme

Infinitif	Présent	Imparfait		Subjonctif présent	Gérondif
finir	je fini s	je finiss ais		que je finiss e	en finiss ant
	tu fini s	tu finiss ais		tu finiss es	
	il fini t	il finiss ait		il finiss e	
	ns finiss ons	ns finiss ions	↔	ns finiss ions	
	vs finiss ez	vs finiss iez	↔	vs finiss iez	
	ils finiss ent	ils finiss aient		ils finiss ent	

2.1 Gruppe «cocos» (cueillir, ouvrir, couvrir, offrir, souffrir)

Infinitif	Présent	Imparfait		Subjonctif présent	Gérondif
cueillir	je cueill **e**	je cueill ais		que je cueill e	en cueill ant
	tu cueill **es**	tu cueill ais		tu cueill es	
	il cueill **e**	il cueill ait		il cueill e	
	ns cueill ons	ns cueill ions	↔	ns cueill ions	
	vs cueill ez	vs cueill iez	↔	vs cueill iez	
	ils cueill ent	ils cueill aient		ils cueill ent	
ouvrir	j' ouvr e	j' ouvr ais		que j' ouvr e	en ouvr ant
couvrir	tu ouvr es	tu ouvr ais		tu ouvr es	
offrir	il ouvr e	il ouvr ait		il ouvr e	
souffrir	ns ouvr ons	ns ouvr ions	↔	ns ouvr ions	
	vs ouvr ez	vs ouvr iez	↔	vs ouvr iez	
	ils ouvr ent	ils ouvr aient		ils ouvr ent	

2.2 Gruppe «mir-tir-vir» (dormir, mentir, partir, sentir, sortir, servir)

Infinitif	Présent	Imparfait		Subjonctif présent	Gérondif
dormir	je dor s	je dorm ais		que je dorm e	en dorm ant
	tu dor s	tu dorm ais		tu dorm es	
partir	il dor t	il dorm ait		il dorm e	
	ns dorm ons	ns dorm ions	↔	ns dorm ions	
servir	vs dorm ez	vs dorm iez	↔	vs dorm iez	
	ils dorm ent	ils dorm aient		ils dorm ent	

Einzelverben auf -ir

Infinitif	Présent	Imparfait		Subjonctif présent	Gérondif
2.3 courir	je cour s	je cour ais		que je cour e	en cour ant
	ns cour ons	ns cour ions	↔	ns cour ions	
	ils cour ent	ils cour aient		ils cour ent	
2.4 mourir	je meur s	je mour ais		que je meur e	en mour ant
	ns mour ons	ns mour ions	↔	ns mour ions	
	ils meur ent	ils mour aient		ils meur ent	
2.5 fuir	je fui s	je fuy ais		que je fui e	en fuy ant
	ns fuy ons	ns fuy ions	↔	ns fuy ions	
	ils fui ent	ils fuy aient		ils fui ent	
2.6 venir	je vien s	je ven ais		que je vienn e	en ven ant
	ns ven ons	ns ven ions	↔	ns ven ions	
	ils vienn ent	ils ven aient		ils vienn ent	

Futur / Conditionnel	Passé composé	Passé simple	Beachte:
je finir ai / ais tu as / ais il a / ait ns ons / ions vs ez / iez ils ont / aient	j'ai fini	je fin i s tu fin i s il fin i t ns fin **î** mes vs fin **î** tes ils fin i rent	
je cueill**e**r ai / ais tu as / ais il a / ait ns ons / ions vs ez / iez ils ont / aient	j'ai cueilli	je cueill i s tu cueill i s il cueill i t ns cueill **î** mes vs cueill **î** tes ils cueill i rent	**Présent:** Endungen der «er-Verben» cueillir: Futur/Conditionnel **-er** *(statt -ir)* Participe passé: **-i**
j' ouvrir ai / ais tu as / ais il a / ait ns ons / ions vs ez / iez ils ont / aient	j'ai ouv**ert**	j' ouvr i s tu ouvr i s il ouvr i t ns ouvr **î** mes vs ouvr **î** tes ils ouvr i rent	ouvrir, couvrir, offrir, souffrir } Participe passé auf **-ert**
je dormir ai / ais tu as / ais il a / ait ns ons / ions vs ez / iez ils ont / aient	j'ai dormi	je dorm i s tu dorm i s il dorm i t ns dorm **î** mes vs dorm **î** tes ils dorm i rent	**Présent:** je dors *(ohne «m»)* je mens *(ohne «t»)* je pars *(ohne «t»)* je sens *(ohne «t»)* je sors *(ohne «t»)* je sers *(ohne «v»)*
je cou**rr** ai / ais ns cou**rr** ons / ions ils cou**rr** ont / aient	j'ai couru	je cour **u** s ns cour **û** mes ils cour **u** rent	**Futur/Conditionnel** cour~~i~~r: das **-i-** des Infintifs fällt aus
je mou**rr** ai / ais ns mou**rr** ons / ions ils mou**rr** ont / aient	je suis **mort (e)**	je mour **u** s ns mour **û** mes ils mour **u** rent	**Futur/Conditionnel** mour~~i~~r: das **-i-** des Infintifs fällt aus
je fuir ai / ais ns fuir ons / ions ils fuir ont / aient	j'ai fui	je fu i s ns fu **î** mes ils fu i rent	**Imparfait/Subjonctif** ns fu**y**ions vs fu**y**iez
je vien**dr** ai / ais ns vien**dr** ons / ions ils vien**dr** ont / aient	je suis venu(e)	je **vin** s ns **vîn** mes ils **vin** rent	**tenir** wird mit «avoir» konjugiert j'ai tenu

Verben auf -re

Infinitif	Présent	Imparfait		Subjonctif présent	Gérondif

3 Hauptgruppe: 2 Stämme

(blau: «-d» nicht hörbar) (gelb: «-d» hörbar)

Infinitif	Présent	Imparfait		Subjonctif présent	Gérondif
attendre	j' attend s	j' attend ais		que j' attend e	en attend ant
	tu attend s	tu attend ais		tu attend es	
	il attend -	il attend ait		il attend e	
	ns attend ons	ns attend ions	↔	ns attend ions	
	vs attend ez	vs attend iez	↔	vs attend iez	
	ils attend ent	ils attend aient		ils attend ent	
rompre	il romp t *(übrige Formen wie attendre)*				

3.1 Gruppe -uire (conduire, construire, détruire, produire, traduire usw.)

Infinitif	Présent	Imparfait		Subjonctif présent	Gérondif
conduire	je condui s	je conduis ais		que je conduis e	en conduis ant
	tu condui s	tu conduis ais		tu conduis es	
	il condui t	il conduis ait		il conduis e	
	ns conduis ons	ns conduis ions	↔	ns conduis ions	
	vs conduis ez	vs conduis iez	↔	vs conduis iez	
	ils conduis ent	ils conduis aient		ils conduis ent	

nuire
luire

Participe passé ohne -t

3.2 Gruppe -indre (craindre, atteindre, peindre, joindre usw.)

Infinitif	Présent	Imparfait		Subjonctif présent	Gérondif
peindre	je pein s	je peign ais		que je peign e	en peign ant
	tu pein s	tu peign ais		tu peign es	
	il pein t	il peign ait		il peign e	
	ns peign ons	ns peign ions	↔	ns peign ions	
	vs peign ez	vs peign iez	↔	vs peign iez	
	ils peign ent	ils peign aient		ils peign ent	

3.3 Gruppe -aître (connaître, paraître, disparaître, naître usw.)

Infinitif	Présent	Imparfait		Subjonctif présent	Gérondif
connaître	je connai s	je connaiss ais		que je connaiss e	en connaiss ant
	tu connai s	tu connaiss ais		tu connaiss es	
	il connaî t	il connaiss ait		il connaiss e	
	ns connaiss ons	ns connaiss ions	↔	ns connaiss ions	
	vs connaiss ez	vs connaiss iez	↔	vs connaiss iez	
	ils connaiss ent	ils connaiss aient		ils connaiss ent	

naître *unregelmässiges Participe passé und Passé simple*

Futur / Conditionnel	Passé composé	Passé simple	Beachte:
j' attendr ai / ais tu as / ais il a / ait ns ons / ions vs ez / iez ils ont / aient	j'ai attendu	j' attend i s tu attend i s il attend i t ns attend î mes vs attend î tes ils attend i rent	**Présent:** Nach -d entfällt die Endung -t: il atten**d**
je conduir ai / ais tu as / ais il a / ait ns ons / ions vs ez / iez ils ont / aient	j'ai conduit j'ai nui j'ai lui	je condui**s** i s tu condui**s** i s il condui**s** i t ns condui**s** î mes vs condui**s** î tes ils condui**s** i rent	
je peindr ai / ais tu as / ais il a / ait ns ons / ions vs ez / iez ils ont / aient	j'ai peint	je pei**gn** i s tu pei**gn** i s il pei**gn** i t ns pei**gn** î mes vs pei**gn** î tes ils pei**gn** i rent	Das **-d** des Infinitivs kommt nur im Futur/Conditionnel vor.
je connaîtr ai / ais tu as / ais il a / ait ns ons / ions vs ez / iez ils ont / aient	j'ai connu je suis **né(e)**	je conn u s tu conn u s il conn u t ns conn û mes vs conn û tes ils conn u rent je **naqu i** s	**Présent:** 3. Person Singulier – aît (wie im Infinitiv)

Infinitif	Présent	Imparfait		Subjonctif présent	Gérondif
Einzelverben auf -re					
3.4 battre	je bat s ns batt ons ils batt ent	je batt ais ns batt ions ils batt aient	↔	que je batt e ns batt ions ils batt ent	en batt ant
3.5 boire	je boi s ns buv ons ils boiv ent	je buv ais ns buv ions ils buv aient	↔	que je boiv e ns buv ions ils boiv ent	en buv ant
3.6 croire	je croi s ns croy ons ils croi ent	je croy ais ns croy ions ils croy aient	↔	que je croi e ns croy ions ils croi ent	en croy ant
3.7 dire	je di s ns dis ons vs dites ils dis ent	je dis ais ns dis ions vs dis iez ils dis aient	↔ ↔	que je dis e ns dis ions vs dis iez ils dis ent	en dis ant
3.8 écrire	j' écri s ns écriv ons ils écriv ent	j' écriv ais ns écriv ions ils écriv aient	↔	que j' écriv e ns écriv ions ils écriv ent	en écriv ant
3.9 faire	je fai s ns fais ons vs faites ils font	je fais ais ns fais ions vs fais iez ils fais aient		que je fass e ns fass ions vs fass iez ils fass ent	en fais ant
3.10 lire	je li s ns lis ons ils lis ent	je lis ais ns lis ions ils lis aient	↔	que je lis e ns lis ions ils lis ent	en lis ant
3.11 mettre	je met s ns mett ons ils mett ent	je mett ais ns mett ions ils mett aient	↔	que je mett e ns mett ions ils mett ent	en mett ant
3.12 plaire	je plai s ns plais ons ils plais ent	je plais ais ns plais ions ils plais aient	↔	que je plais e ns plais ions ils plais ent	en plais ant
3.13 prendre	je prend s ns pren ons ils prenn ent	je pren ais ns pren ions ils pren aient	↔	que je prenn e ns pren ions ils prenn ent	en pren ant

Futur / Conditionnel	Passé composé	Passé simple	Beachte:
			Ü. 16
je battr ai / ais ns battr ons / ions ils battr ont / aient	j'ai battu	je batt i s ns batt î mes ils batt i rent	
je boir ai / ais ns boir ons / ions ils boir ont / aient	j' ai bu	je b u s ns b û mes ils b u rent	
je croir ai / ais ns croir ons / ions ils croir ont / aient	j'ai cru	je cr u s ns cr û mes ils cr u rent	**Imparfait/Subjonctif** ns croyions vs croyiez
je dir ai / ais ns dir ons / ions vs dir ez / iez ils dir ont / aient	j'ai dit	je d i s ns d î mes vs d î tes ils d i rent	**Présent:** vous **dites**
j' écrir ai / ais ns écrir ons / ions ils écrir ont / aient	j'ai écrit	j' écriv i s ns écriv î mes ils écriv i rent	
je **fer** ai / ais ns **fer** ons / ions vs **fer** ez / iez ils **fer** ont / aient	j'ai fait	je f i s ns f î mes vs f î tes ils f i rent	**Présent:** vous **faites**
je lir ai / ais ns lir ons / ions ils lir ont / aient	j'ai lu	je l u s ns l û mes ils l u rent	
je mettr ai / ais ns mettr ons / ions ils mettr ont / aient	j'ai mis	je m i s ns m î mes ils m i rent	
je plair ai / ais ns plair ons / ions ils plair ont / aient	j'ai plu	je pl u s ns pl û mes ils pl u rent	**Présent:** 3. Person Singular: -aît
je prendr ai / ais ns prendr ons / ions ils prendr ont / aient	j'ai pris	je pr i s ns pr î mes ils pr i rent	**Présent:** il prend- Nach -d entfällt die Endung -t

Infinitif	Présent	Imparfait		Subjonctif présent	Gérondif
3.14 rire	je ri s ns ri ons ils ri ent	je ri ais ns ri ions ils ri aient	↔	que je ri e ns ri ions ils ri ent	en ri ant
3.15 suffire	je suffi s ns suffis ons ils suffis ent	je suffis ais ns suffis ions ils suffis aient	↔	que je suffis e ns suffis ions ils suffis ent	en suffis ant
3.16 suivre	je sui s ns suiv ons ils suiv ent	je suiv ais ns suiv ions ils suiv aient	↔	que je suiv e ns suiv ions ils suiv ent	en suiv ant
3.17 se taire	je me tai s ns ns tais ons ils se tais ent	je me tais ais ns ns tais ions ils se tais aient	↔	que je me tais e ns ns tais ions ils se tais ent	en se tais ant
3.18 vivre	je vi s ns viv ons ils viv ent	je viv ais ns viv ions ils viv aient	↔	que je viv e ns viv ions ils viv ent	en viv ant

Futur / Conditionnel	Passé composé	Passé simple	Beachte:
je rir ai / ais ns rir ons / ions ils rir ont / aient	j'ai ri	je r i s ns r î mes ils r i rent	**Imparfait/Subjonctif:** ns riions vs riiez
je suffir ai / ais ns suffir ons / ions ils suffir ont / aient	j'ai suffi	je suff i s ns suff î mes ils suff i rent	
je suivr ai / ais ns suivr ons / ions ils suivr ont / aient	j'ai suivi	je suiv i s ns suiv î mes ils suiv i rent	
je me tair ai / ais ns ns tair ons / ions ils se tair ont / aient	je me suis tu(e)	je me t u s ns ns t û mes ils se t u rent	
je vivr ai / ais ns vivr ons / ions ils vivr ont / aient	j'ai **vécu**	je véc u s ns véc û mes ils véc u rent	

Verben auf -oir

	Infinitif	Présent	Imparfait		Subjonctif présent	Gérondif
4	**Hauptgruppe -evoir: 3 Stämme** (rec/evoir, aperc/evoir, d/evoir)					
	recevoir	je reçoi s tu reçoi s il reçoi t ns recev ons vs recev ez ils reçoiv ent	je recev ais tu recev ais il recev ait ns recev ions vs recev iez ils recev aient	 ←→ ←→ 	que j' reçoiv e tu reçoiv es il reçoiv e ns recev ions vs recev iez ils reçoiv ent	en recev ant
	Einzelverben auf -oir					
4.1	s'asseoir	je m' assied s ns ns assey ons ils s' assey ent	je m' assey ais ns ns assey ions ils s' assey aient	 ←→ 	que je m' assey e ns ns assey ions ils s' assey ent	en s' assey ant
4.2	falloir	il fau t	il fall ait		qu' il **faill** e	———
4.3	valoir	je vau **x** ns val ons ils val ent	je val ais ns val ions ils val aient	 ←→ 	que je **vaill** e ns val ions ils **vaill** ent	en val ant
4.4	pleuvoir	il pleu t	il pleuv ait		qu' il pleuv e	en pleuv ant
4.5	pouvoir	je peu **x** ns pouv ons ils peuv ent	je pouv ais ns pouv ions ils pouv aient		que je **puiss** e ns **puiss** ions ils **puiss** ent	en pouv ant
4.6	savoir	je sai s ns sav ons ils sav ent	je sav ais ns sav ions ils sav aient		que je **sach** e ns **sach** ions ils **sach** ent	en **sach** ant
4.7	voir	je voi s ns voy ons ils voi ent	je voy ais ns voy ions ils voy aient	 ←→ 	que je voi e ns voy ions ils voi ent	en voy ant
4.8	vouloir	je veu **x** ns voul ons ils veul ent	je voul ais ns voul ions ils voul aient	 ←→ 	que je **veuill** e ns voul ions ils **veuill** ent	en voul ant

Futur / Conditionnel	Passé composé	Passé simple	Beachte:
je recevr ai / ais tu as / ais il a / ait ns ons / ions vs ez / iez ils ont / aient	j'ai reçu	j' reç u s tu reç u s il reç u t ns reç **û** mes vs reç **û** tes ils reç u rent	ç vor **o / u** **Participe passé** von **devoir: dû** (bei Accord: due, dus, dues)
je m' **assiér** ai / ais ns ns **assiér** ons / ions ils s' **assiér** ont / aient	je me suis assis(e)	je m' ass i s ns ns ass **î** mes ils s' ass i rent	**Imparfait/Subjonctif** ns ns asse**yi**ons vs vs asse**yi**ez
il **faudr** a / ait	il a fallu	il fall u t	
je **vaudr** ai / ais ns **vaudr** ons / ions ils **vaudr** ont / aient	j'ai valu	je val u s ns val **û** mes ils val u rent	**Présent:** je/tu vaux
il pleuvr a / ait	il a plu	il pl u t	
je **pourr** ai / ais ns **pourr** ons / ions ils **pourr** ont / aient	j'ai pu	je p u s ns p **û** mes ils p u rent	**Présent:** je/tu peux
je **saur** ai / ais ns **saur** ons / ions ils **saur** ont / aient	j'ai su	je s u s ns s **û** mes ils s u rent	**Impératif: sache** **sachons** **sachez**
je **verr** ai / ais ns **verr** ons / ions ils **verr** ont / aient	j'ai vu	je v i s ns v **î** mes ils v i rent	**Imparfait/Subjonctif:** ns voyions vs voyiez
je **voudr** ai / ais ns **voudr** ons / ions ils **voudr** ont / aient	j'ai voulu	je voul u s ns voul **û** mes ils voul u rent	**Présent:** je/tu veux **Impératif: veuille** **veuillons** **veuillez**

Der Gebrauch der Zeiten

1 Zeitenübersicht

Man kann die Zeit als eine Strasse darstellen, die von links nach rechts verläuft und 3 Wegstrecken umfasst:

die Wegstrecke **VERGANGENHEIT**	die Wegstrecke **GEGENWART**	die Wegstrecke **ZUKUNFT**

PASSÉ	**PRÉSENT**	**FUTUR**

Die sprechende Person befindet sich immer auf der Gegenwartsbrücke.

Sie kann ihren Blick in drei verschiedene Richtungen wenden:

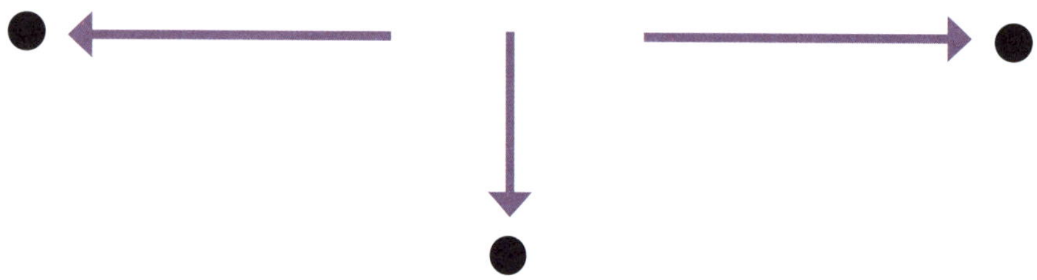

Sie schaut rückwärts, fixiert einen Zeitpunkt der Vergangenheit und sagt, was damals geschah.

Dazu braucht sie
teils das **PASSÉ COMPOSÉ***,
teils das **IMPARFAIT**. → 31–34

*schriftlich auch das Passé simple → 35

Wenn sie etwas erwähnt, was bereits vor diesem Zeitpunkt der Vergangenheit geschehen ist, verwendet sie das **PLUS-QUE-PARFAIT** (Vorvergangenheit).
→ 35

Sie schaut geradeaus und sagt, was jetzt geschieht.

Dazu braucht sie immer das **PRÉSENT**.

Sie fixiert einen Zeitpunkt der Zukunftsstrecke und sagt, was dann voraussichtlich geschehen wird.

Dazu braucht sie das **FUTUR I** oder das **FUTUR COMPOSÉ**.
→ 29

Wenn sie etwas erwähnt, was zum gewählten Zukunftszeitpunkt bereits vorbei sein wird, verwendet sie das **FUTUR II** (Vorzukunft).
→ 29

2 Die Wegstrecke FUTUR

Ü. 18, 19

Futur I (futur simple) und Futur composé

Die sprechende Person sagt, was zu einem bestimmten Zeitpunkt der Zukunft voraussichtlich geschehen wird.

Je **vais m'arrêter** au café du coin. (Futur composé)
Je **prendrai** un thé. Alors **j'aurai** moins soif. (Futur simple)

Die Aufgabe des Futur II

Die sprechende Person auf der Gegenwartsbrücke sagt, was zu einem bestimmten Zeitpunkt der Zukunft geschehen wird <u>und</u> fügt hinzu, was zu jenem Zeitpunkt bereits geschehen sein wird (Rückblende).

J'aurai moins soif …

… quand j'**aurai pris** un thé.*

*Im Deutschen existiert zwar auch ein Futur II:
«…wenn ich einen Tee getrunken haben werde.»
Aber es wird als schwerfällig empfunden.
Man verwendet stattdessen meistens das Perfekt:
«…wenn ich einen Tee getrunken habe.»*

Imparfait / Passé composé und Plus-que-parfait

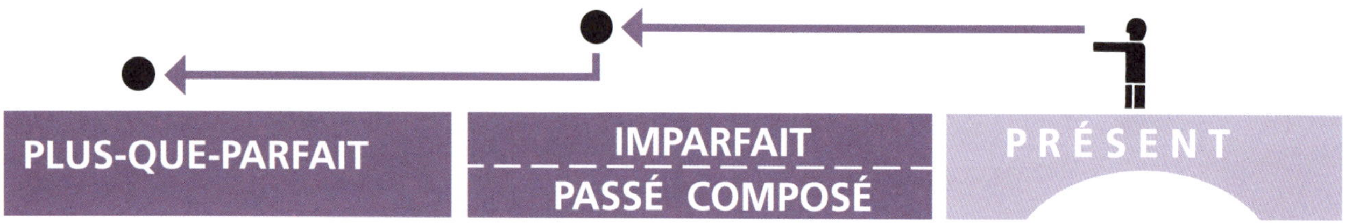

*Wenn die sprechende Person etwas aus der Vergangenheit erzählt, verwendet sie vor allem das **Passé composé** und das **Imparfait.***

Christophe Colomb **est mort** en1506.
Il avait 55 ans en 1506.

Imparfait und **Passé composé*** beziehen sich auf denselben Zeitpunkt (1506). → **31–34**

*Sie kann aber auch etwas beifügen, das zu jenem Zeitpunkt bereits der Vergangenheit angehörte. Dazu braucht sie das **Plus-que-parfait.***

13 ans plus tôt, en 1493, il **avait découvert** l'Amérique.

Das **Plus-que-parfait** bezieht sich auf einen noch weiter zurückliegenden Zeitpunkt (Rückblende). → **35**

* In der geschriebenen Sprache wird das Passé composé oft durch das **Passé simple** ersetzt. → **35**

Chrisophe Colomb **mourut** en 1506.
Il **avait** 55 ans en 1506.

4 Der Unterschied zwischen Passé composé und Imparfait

Zur Kennzeichnung der beiden Zeiten werden die folgenden Symbole verwendet:
Symbol fürs Passé composé: ——→ Symbol fürs Imparfait: ←——→

Ein Beispiel:

En 2003, mon oncle **s'est marié.**
Il **avait** 28 ans.

Passé composé *und* ***Imparfait*** *beziehen sich auf denselben Moment der Vergangenheit.*
Die beiden Zeiten sind aber nicht gleichwertig.
Jede hat ihre eigene Aufgabe zu erfüllen.

Die Aufgabe des **Passé composé:**

- *Es erzählt ein vergangenes Ereignis.*
  Es sagt, was damals geschah.

En 2003, mon oncle **s'est marié**. *(Ereignis)*

- *Es sagt, dass eine Handlung im Moment, von dem die Rede ist, neu einsetzte.*

Après le repas, Lili **a lu** le journal.

- *Es drückt aufeinander folgende Handlungen aus. (und dann … und dann … und dann …) Mit jedem Verb geht die Handlung einen Schritt weiter.*

Son club **a gagné** le match. Joe **a quitté** le stade.
Dehors il **a rencontré** quelques amis.

Das **Passé composé** antwortet auf die
FRAGE: **Was geschah dann/darauf/nachher?**
SIGNALWORT: **et puis/ensuite**

Die Aufgabe **des Imparfait:**

- *Es kommentiert. Es beschreibt einen Zustand, der bereits vor dem Ereignis begonnen hatte.*

Il **avait** 28 ans. *(Zustand)*

- *Es zeigt, dass eine Handlung im Moment, von dem die Rede ist, bereits im Gang war.*

A mon arrivée, Lili **lisait** le journal. *(Sie war am Lesen)*

- *Es drückt aus, was sich im Moment, von dem die Rede ist, alles gleichzeitig abspielte.*
  Die Handlung geht nicht weiter.

Ils **riaient**
chantaient et
dansaient dans la rue.

Das alles war bereits im Gang, als Joe sie antraf.

Das **Imparfait** antwortet auf die
FRAGE: **Was war schon/Was war gleichzeitig?**
SIGNALWORT: **déjà/en même temps**

Die Frage **«Was war schon»** bezieht sich meistens auf eine Beschreibung, eine Begründung, eine Erklärung.

Was geschah? **Was war schon?**	Max **m'a présenté** son amie. Elle **portait** un costume très élégant.	**Beschreibung**
Was geschah? **Was war schon?**	Je **me suis acheté** un sandwich. J'**avais** faim.	**Begründung**
Was geschah? **Was war schon?**	Grand-mère **est née** en 1945. C'**était** la dernière année de la grande guerre.	**Erklärung**

5 Passé composé und Imparfait in einer Erzählung

Ü. 19–22

Die meisten Erzählungen lassen sich in Einleitung und eigentliche Erzählung unterteilen.

Ein Beispiel:

Il était déjà 19 heures. Il n'y avait plus beaucoup de voyageurs dans notre wagon. Dans un coin, un monsieur étudiait des documents. La dame élégante à notre gauche se maquillait. Plus loin, un jeune touriste finissait son pique-nique et le vieil homme assis en face de nous dormait tranquillement. Personne ne parlait.

Einleitung: Imparfait

- *Sie beschreibt, erklärt, kommentiert die Ausgangssituation (Zeit,Ort,nähere Umstände).*
- *Sie stellt die Personen vor und sagt, was sie vor Beginn der eigentlichen Erzählung gerade taten.*
- *Die Reihenfolge der Sätze kann ohne weiteres geändert werden, denn die Dinge geschehen nicht nacheinander, sondern nebeneinander, gleichzeitig.*
- *Alle Informationen der Einleitung lassen sich in einem BILD zusammenfassen. Es zeigt, was in der Ausgangssituation schon da war, was in jener Situation alles gleichzeitig geschah.*

Signalwort: déjà/en même temps

Tout à coup

le train **s'est arrêté.** → On **a entendu** la voix du contrôleur:«NYON!» → Le vieil homme **s'est réveillé.** → Il **a sauté** sur ses pieds. → Il **a pris** son sac de voyage. → Et il **est descendu** du train. → Bien vite, il **a disparu** derrière un kiosque.

Eigentliche Erzählung: Passé composé

- *Sie wird durch ein Hinweiswort wie «Tout à coup», «Alors» eingeleitet. Man merkt: jetzt beginnt etwas Neues.*
- *Sie besteht aus einer Reihe von Handlungen, Geschehnissen, die nicht gleichzeitig erfolgen wie in der Einleitung, sondern nacheinander: und dann … und dann … und dann…*
- *Sie gleicht einem Film oder einer Bildgeschichte, wo ein Bild das andere ablöst.*

Signalwort: et puis/ensuite

Beachte

Es gibt auch Erzählungen ohne Einleitung:
Max est arrivé à Neuchâtel à 9.40. Il est descendu à pied jusqu'au lac. Là, il a loué un petit bateau.

Eine Einleitung im Imparfait fehlt. Die eigentliche Erzählung beginnt sofort:
«arriver» «descendre» «louer»: alles geschieht nacheinander.
Frage: Was geschah dann und dann und dann? Also dreimal Passé composé.
Die Reihenfolge der Sätze liesse sich nicht ändern.

6 Hintergrund-Informationen in der eigentlichen Erzählung — Ü. 19–22

Typisch für die eigentliche Erzählung ist eine Reihe von Verben im Passé composé. Mit jedem Verb geht die Erzählung einen Schritt weiter. ——→ et puis ——→ ensuite ——→ et puis ——→ etc.
Diese Passé composé-Formen bilden eine Handlungskette; sie sind der rote Faden der Erzählung.

Fast nie jedoch besteht die eigentliche Erzählung nur aus diesen «und dann … und dann … Sätzen».
*Man erfährt auch einiges über den Hintergrund, die begleitenden Umstände, zum Beispiel über das Wetter, die Landschaft, die Kleidung der Personen, ihre Mimik, die Wohnungseinrichtung etc.. Sätze mit solchen Hintergrund-Informationen setzen die Handlungskette nicht fort, zu ihnen passt nur das Signalwort **déjà/en même temps**». Sie stehen folglich im Imparfait.*

Ein Beispiel:

1. Une pluie fine (tomber). **2.** Je (venir) de la gare. **3.** Je (marcher) à pas lents. **4.** Je (porter) deux valises. **5.** Tout à coup, une voiture (s'arrêter). **6.** C'(être) une camionnette. **7.** Le chauffeur m' (inviter) à monter. **8.** Il (parler) français avec un accent italien. **9.** J'(accepter) avec plaisir. **10.** J'(avoir) très froid et **11.** j'(être) fatigué. **12.** Cinq minutes plus tard, il me (déposer) chez moi. **13.** Il (pleuvoir) toujours.

Lösung:

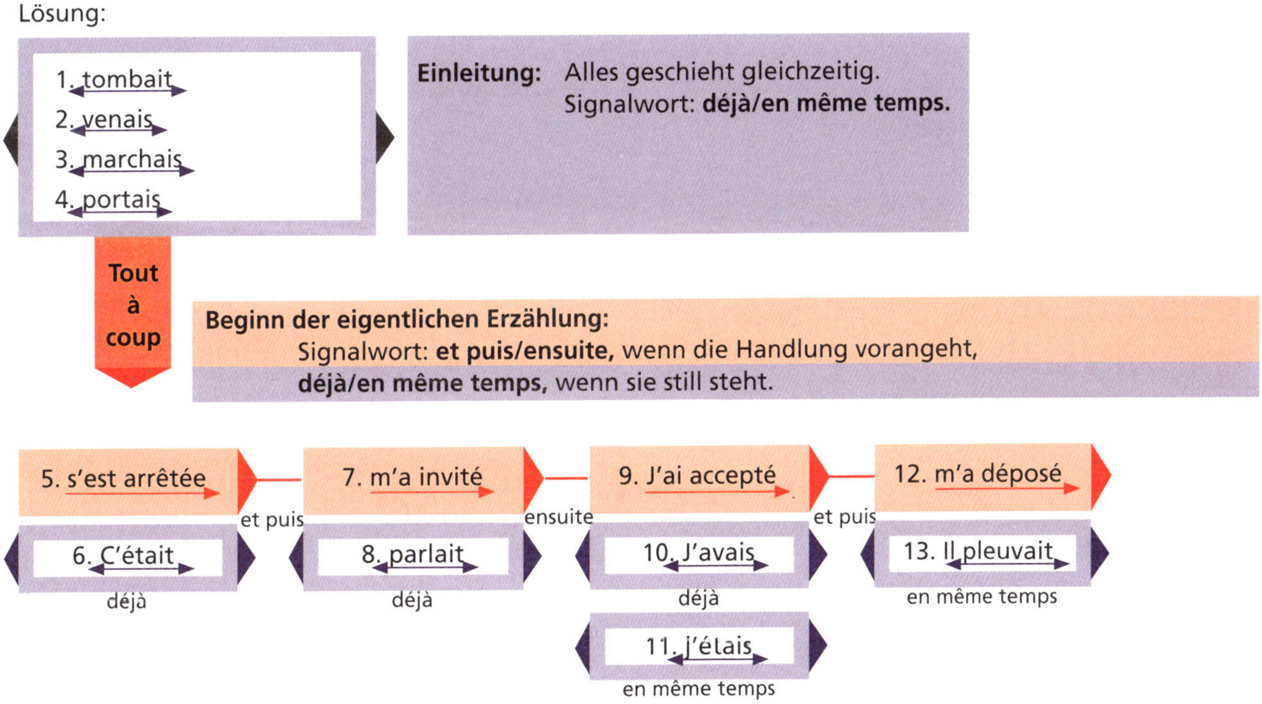

Die Handlungskette oder der rote Faden besteht aus den Sätzen 5, 7, 9 und 12. = Passé composé.
Alle andern Verben sind Hintergrund-Informationen; es geht zeitlich nicht vorwärts. = Imparfait.

Zusammenfassung

In der **Einleitung** einer Erzählung steht das **IMPARFAIT.** (Es gibt aber auch Erzählungen ohne Einleitung.)

In der eigentlichen Erzählung steht das **PASSÉ COMPOSÉ,** wenn die Handlung **vorwärts geht,**
das **IMPARFAIT**, wenn die Handlung **still steht,**
weil erklärt, begründet, beschrieben wird.

7 Drei Hilfen zur Zeitenwahl — Ü. 20

Wenn das konjugierte Verb vor einem Infinitiv steht

Unterscheide die beiden folgenden ähnlichen Beispiele:

Lucie est allée[1] à la banque.
Elle (changer[2]) de l'argent.

Sie ging zur Bank und dann wechselte sie Geld.

1 → et puis / ensuite 2 →

Lucie est allée à la banque. Elle **a changé** de l'argent.

Lucie est allée[1] à la banque.
Elle (vouloir changer[2]) de l'argent.

Schon bevor und während sie zur Bank ging, wollte sie Geld wechseln.

1 →
2 ↔
déjà / en même temps

Lucie est allée à la banque. Elle **voulait** changer de l'argent.

Entscheidend ist das **konjugierte Verb.**
Der Infinitiv hat keinen Einfluss auf die Zeitenwahl.

Wenn das Verb verneint ist

ohne Verneinung:

Eve (mettre) une bougie sur la table; elle l'(allumer).

Zwei aufeinander folgende Handlungen.

Eve **a mis** une bougie sur la table; et puis/ensuite elle l' **a allumée.**

mit Verneinung:

Eve (mettre) une bougie sur la table; elle **ne pas** l'(allumer).

Eve **a mis** une bougie sur la table; et puis/ensuite elle **ne l'a pas allumée.**

Das Hinstellen und Nicht-Anzünden sind aufeinander folgende Handlungen.

Empfehlung:
Zur Bestimmung der Zeit die Negation weglassen.

Wenn der Nebensatz durch «pendant que» eingeleitet wird

On lui (voler) son vélo pendant qu'il (dormir).

Er schläft schon vor und während dem Diebstahl.
Also:

On lui **a volé** son vélo **pendant qu'**il **dormait**

Nach **«pendant que»** steht immer das **Imparfait.**
(déjà / en même temps)

8 Die Verwendung des Passé simple

Ü.25

Das **Passé simple** kommt vor allem in der gehobenen Schriftsprache vor. Dort übernimmt es die **Aufgabe des Passé composé.** Signalwort: **et puis/ensuite.**
Alles was auf den Seiten 31–34 über die Verwendung des Passé composé gesagt wird, gilt in der gehobenen Schriftsprache für das Passé simple.

Mündliche Erzählung und Brief:	**Passé composé** und Imparfait	Christophe Colomb **est mort** en 1506. Il avait 55 ans.
Schriftliche Erzählung, Résumé Zeitungsartikel, Novelle, Roman:	**Passé simple** und Imparfait	Christophe Colomb **mourut** en 1506. Il avait 55 ans.

9 Das Plus-que-parfait

Ü.22–24

Das Wort «plus-que-parfait» bedeutet «mehr als Vergangenheit» (Vorvergangenheit). Das Plus-que-parfait bezieht sich auf ein Geschehen, das im Zeitpunkt, von dem die Rede ist, bereits vergangen war.

Ce matin,
j'**ai regradé** par la fenêtre,
le jardin **était** tout blanc.
Il **avait neigé** pendant la nuit.

● *Zeitpunkt, von dem die Rede ist.*

Das geschah vor diesem Zeitpunkt.
Signalwort: **avant ce moment-là** *d.h. Rückblende auf ein früheres Geschehen.*

Das Plus-que-parfait kann sowohl in der **Einleitung** als auch in der **eigentlichen Erzählung** stehen.

C'**était**[1] le matin.
Il **faisait**[2] froid.
Il **avait plu**[3] toute la nuit.

Sylvie s'est mise[4] à chercher son parapluie. Mais elle ne l'a pas trouvé[5]. Elle l'**avait** sûrement **oublié**[6] au bureau, la veille *(Tags zuvor)*. Alors elle a pris[7] celui de sa sœur.

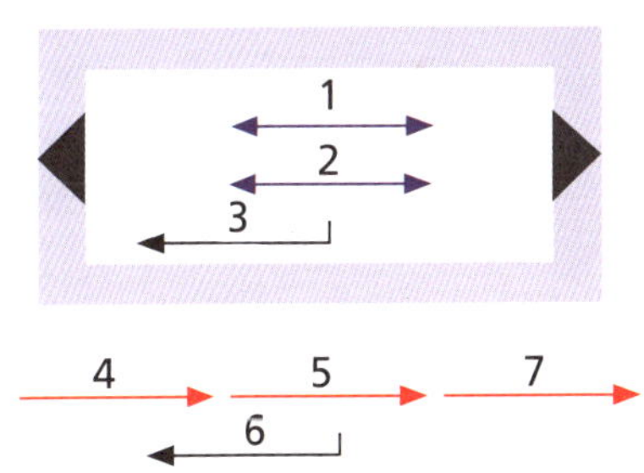

Récapitulation

Ü.26–28

Die Zeiten im Style indirect

1 Vom Style direct zum Style indirect Ü. 29

Erklärungen zur folgenden Darstellung:

- *Sowohl in den kürzern, ungebrochenen als auch in den längern, gebrochenen Pfeilen geht es um Äusserungen oder Fragen eines Sprechers, des Kanadiers Joe.*
- *Der kürzere Pfeil* **(style direct)** *gibt diese Äusserungen und Fragen wortwörtlich wieder, direkt so, wie sie Joe formuliert. Deshalb stehen sie in Anführungszeichen.*
- *In den längern, gebrochenen Pfeilen* **(style indirect)** *berichtet jemand anderer über den Inhalt dieser Äusserungen und Fragen. Er sagt zuerst in einem einleitenden Hauptsatz, um wessen Äusserungen es sich handelt (Joe raconte, il demande …) und gibt dann in einem Nebensatz den Inhalt wieder.*

Joes Äusserungen

Joe: «Je suis né au Canada.»
Joe raconte **qu'**il est né au Canada.

Äusserungen werden im **Style indirect immer** durch **«que»** eingeleitet.

Joe: «Le Canada est un pays bilingue.» *zweisprachig*
Joe explique **que** le Canada est un pays bilingue.

Im Deutschen kann ***«dass»*** *auch weggelassen werden.*
Joe sagt, Kanada sei ein zweisprachiges Land.
Joe dit **que** le Canada est un pays bilingue.

Joe: «On y parle français et anglais».
Il ajoute **qu'**on y parle français et anglais.

Joes Fragen

Joe: «Est-ce que la Suisse est aussi bilingue?»
Il aimerait savoir **si** la Suisse est aussi bilingue.

Eine Frage ohne Fragewort wird im **Style indirect** mit **«si** *(=ob)*» eingeleitet.

Joe: «Où est-ce qu'on parle italien?»
Il demande **où** on parle italien.

Eine Frage mit Fragewort (où, quand, pourquoi etc.) behält dieses Fragewort im Style indirect bei.

Joe: «Qu'est-ce que vous fêtez, le 1er août?»
Il veut savoir **ce que** nous fêtons le 1er août.

Die Fragepronomen qu'est-ce qui und qu'est-ce que werden im Style indirect zu **ce qui** und **ce que** verkürzt.

Joe: «Qu'est-ce qui s'est passé le 1er août 1291?»
Il demande **ce qui** s'est passé le 1er août 1291.

2 Die Zeitverschiebung im Style indirect der Vergangenheit Ü. 30–35

Style direct

«Line **est allée** à Zermatt.»
«Elle y **fait** du ski.»
«Elle **reviendra** samedi.»

«Line **est allée** à Zermatt.»
«Elle y **fait** du ski.»
«Elle **reviendra** samedi.»

Style indirect der GEGENWART oder der Zukunft

Das Verb des einleitenden Hauptsatzes steht im *<u>Présent oder Futur.</u>*

Hauptsatz

Son ami dit
Son ami te dira

qu'elle **est allée** à Zermatt.
qu'elle y **fait** du ski.
qu'elle **reviendra** samedi.

dieselbe Zeit wie im Style direct

Style indirect der VERGANGENHEIT

Das Verb des einleitenden Hauptsatzes steht in irgend einer *<u>Zeit der Vergangenheit.</u>*

Hauptsatz

J'ai appris *erfahren*
Les gens disaient
Quelqu'un m'avait dit
Son ami nous écrivit

qu'elle **<u>était allée</u>** à Zermatt.
qu'elle y **<u>faisait</u>** du ski.
qu'elle **<u>reviendrait</u>** samedi.

Zeitverschiebung im Vergleich zum Style direct:

Das **Passé composé** wird zum	**<u>Plus-que-parfait</u>.**
Das **Présent** wird zum	**<u>Imparfait</u>.**
Das **Futur** wird zum	**<u>Conditionnel I</u>.**

Alle drei Zeiten haben die Endungen

-ais	-ions
-ais	-iez
-ait	-aient

Die drei Zeiten des Style indirect der Vergangenheit (Übersicht)

Hauptsatz

J'ai appris
Les gens disaient
Il m'avait dit
Son ami nous écrivit
VERGANGENHEIT

Nebensatz		
que Lise **était allée** à Zermatt.	avant ce moment-là →	**Plus-que-parfait**
qu'elle y **faisait** du ski.	déjà/en même temps →	**Imparfait**
qu'elle **reviendrait** samedi.	plus tard (peut-être) →	**Conditionnel I**

Kommentar

Das Imparfait und das Plus-que-parfait bedürfen keiner weiteren Erklärung: ihr Gebrauch ergibt sich aus den auf den Seiten 31–35 dargestellten Regeln zu den Zeiten der Vergangenheit. Der Gebrauch des Conditionnel wird auf der folgenden Seite ausführlicher dargestellt.

3 Die Aufgabe des Conditionnel im Style indirect

Ü. 32–35

Style direct

Der Autofahrer denkt: «Je **serai** à la maison dans deux heures.»
«J'**inviterai** quelques amis.»
«Nous **passerons** une belle soirée ensemble.» → **Futur**

Style indirect der VERGANGENHEIT

Jean pensait
Jean a pensé
Jean avait pensé
Jean pensa

qu'il **<u>serait</u>** à la maison dans deux heures.
qu'il **<u>inviterait</u>** quelques amis.
qu'ils **<u>passeraient</u>** une belle soirée ensemble. → **<u>Conditionnel</u>**

Ein **Futur** wird im Style indirect der VERGANGENHEIT zum **Conditionnel I** (<u>Stamm</u> des Futur + Endungen des <u>Imparfait</u>)

4 Das Conditionnel des Style indirect in einer Erzählung

Ü. 32–35

Zeichenerklärung: └──► = Blick aus der Vergangenheit in die Zukunft = **Conditionnel**
Signalwort: **plus tard** (peut-être).

Der Erzähler berichtet:

Jean **a regardé**[1] sa montre: 5 heures. Il s'**est dit**[2] qu'il **serait**[3] à la maison dans deux heures, qu'il **inviterait**[4] quelques amis et qu'ils **passeraient**[5] une belle soirée ensemble. Mais tout à coup, sa voiture **est tombée**[6] en panne. Il n'**est rentré**[7] que vers 2 heures du matin.

Diese Verben stehen im Passé composé: sie geben wieder, was hintereinander geschah. Signalwort: et puis/ensuite.

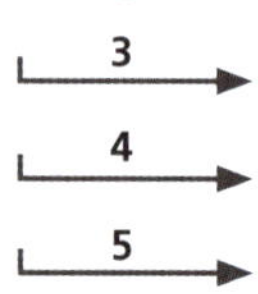

Diese Verben stehen im **Conditionnel**: sie sagen nicht, was damals geschah, sondern was später (vielleicht) geschehen **würde**.
Signalwort: **plus tard** (peut-être)

5 Verschiebung der Zeitangaben im Style indirect der Vergangenheit

Der Vergleich der folgenden Beispielsätze im Style indirect der Gegenwart und der Vergangenheit bestätigt nochmals die oben besprochene Zeitverschiebung.
Er zeigt aber auch, dass sich im Style indirect der Vergangenheit nicht nur die Zeiten, sondern auch die Zeitangaben ändern.

Style indirect der Gegenwart	Style indirect der Vergangenheit
Eric me dit qu'il n'**est** pas libre **aujourd'hui**.	Eric m'avait dit qu'il n'**était** pas libre **ce jour-là**.
Il me demande ce que je **ferai demain**.	Il m'a demandé ce que je ferais **le lendemain**. *am folgenden Tag*
Il ajoute qu'il **a été** à Lyon, hier.	Il a ajouté qu'il **avait** été à Lyon, **la veille**. *Tags zuvor*

Liste der Zeitangabe-Verschiebungen

aujourd'hui	→ **ce jour-là**	en ce moment	→ **à ce moment-là**
demain	→ **le lendemain**	ce matin	→ **ce matin-là**
hier	→ **la veille**	ce soir	→ **ce soir-là**
la semaine dernière	→ **la semaine précédente**	la semaine prochaine	→ **la semaine suivante**
le mois dernier	→ **le mois précédent**	le mois prochain	→ **le mois suivant**
l'année dernière	→ **l'année précédente**	l'année prochaine	→ **l'année suivante**
il y a 2 jours *vor ...*	→ **2 jours avant** *zuvor*	dans 2 jours	→ **2 jours après** *danach*

Der Gebrauch der Aussageweisen oder Modi

1 Die vier Modi (Übersicht)

Der weitaus häufigste Modus ist der Indikativ. Das folgende Beispiel soll den Unterschied zwischen dem Indikativ und den andern drei Modi veranschaulichen:

Der französische Abfahrtstrainer wartet auf die Ankunft seines besten Fahrers. Eine glänzende Zwischenzeit wurde gemeldet. Wird er wohl siegen?

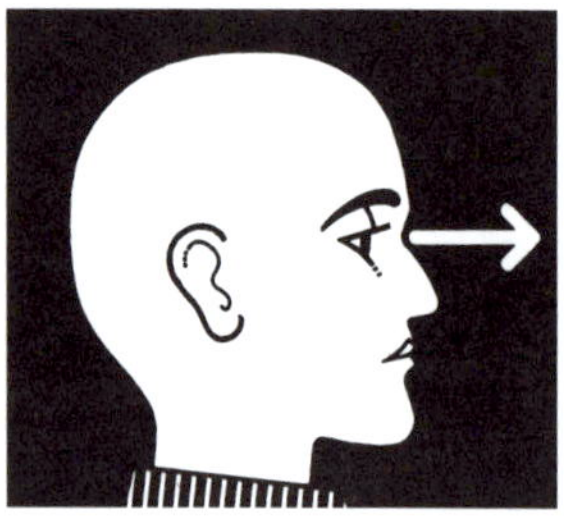

Indikativ/Indicatif

Le voilà. Il **est** très rapide.
On **a gagné!** - Non, non!
Il **perd** l'équilibre.
Il **va tomber.** - Non.
Mais il a **perdu** au moins cinq centièmes de seconde.

Der Trainer sagt, was er sieht.
Er beschreibt einen Ausschnitt aus der Wirklichkeit.

Dazu braucht er den Modus **Indikativ/ Indicatif.**

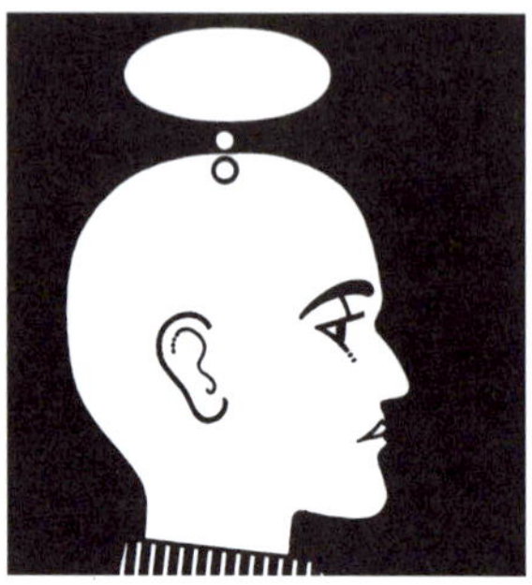

Conditionnel

Avec 2 centièmes de moins, il **serait** premier.

Avec un peu de chance, il **aurait gagné.**
Toute la France lui **ferait** fête.

Der Trainer denkt an etwas, das nicht Wirklichkeit ist, an etwas, das er sich bloss vorstellt.

Dazu braucht er den Modus **Conditionnel.**

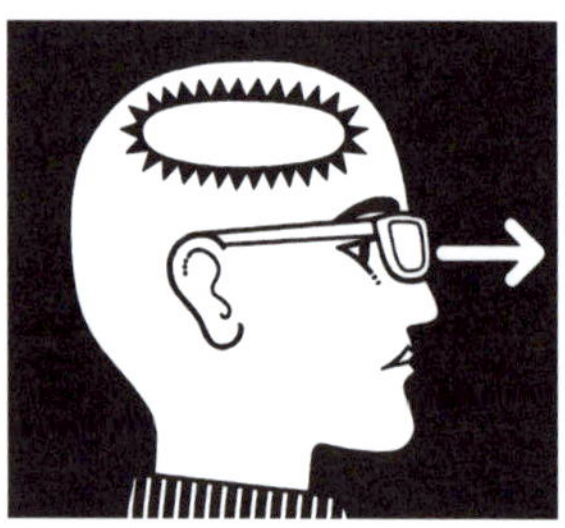

Subjonctif

Je suis déçu qu'il ne **soit** pas premier.
Quel malheur qu'il **ait perdu** ces centièmes!

Il faut absolument qu'il fasse mieux la prochaine fois.

Der Trainer sieht die Wirklichkeit durch die Brille des Gefühls.

Er drückt einen Wunsch aus: Er sagt nicht, was geschieht, sondern was geschehen soll.

Dazu braucht er den Modus **Subjonctif.**

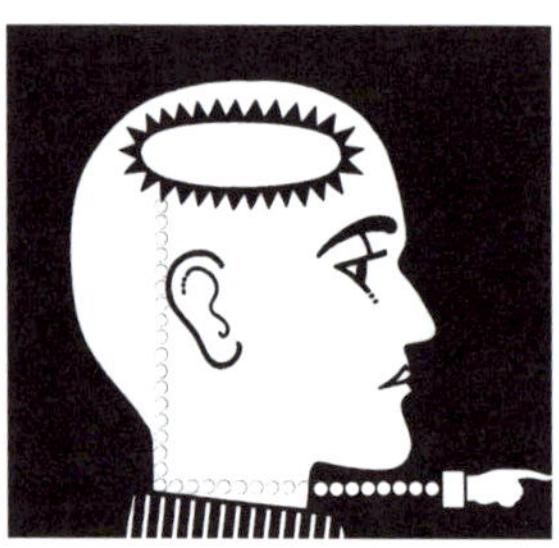

Imperativ/Impératif

Viens.
Rentrons.
Ne **t'en fais** pas. *Mach dir nichts draus.*
Recommençons.

Der Trainer spricht Befehle, Aufforderungen, Empfehlungen aus.

Dazu braucht er den Modus **Imperativ/ Impératif.**

Einzahl: der Modus/le mode, Mehrzahl: die Modi/les modes

Ü.36

Die sprechende Person kann zwischen vier Aussageweisen oder Modi wählen. Sie wählt denjenigen Modus, der ihrer Redeabsicht am besten entspricht.

Vereinfachend lässt sich sagen:

Wenn die sprechende Person die Absicht hat, eine sachliche Feststellung zu machen, eine Tatsache mitzuteilen, wählt sie den **Indikativ,** die Wirklichkeitsform.	Zum Indikativ gehören verschiedene Zeiten: • Zeiten, die eine gegenwärtige oder bereits vergangene Wirklichkeit feststellen: Présent Imparfait, Passé composé, Passé simple, Plus-que-parfait, Passé antérieur, • Zeiten, die eine voraussichtlich eintreffende Wirklichkeit ankünden: Futur I, Futur II, Futur composé.	**Signalwort:** **so ist es,** **so war es,** **so wird es sein.**
Wenn die sprechende Person ausdrücken will, was unter andern Bedingungen Wirklichkeit sein könnte, wählt sie das **Conditionnel.** («condition» = «*Bedingung*».) Eine ausführliche Behandlung des Conditionnel folgt → **42**	Das Conditionnel umfasst 2 Zeiten: • das Conditionnel I bezieht sich auf die Gegenwart und die Zukunft. Dans une autre école, | Jean **serait** plus heureux. ↑ *Bedingung* ↑ *jetzt und in der kommenden Zeit* • das Conditionnel II bezieht sich auf die Vergangenheit. Dans une autre école, Jean **aurait été** plus heureux.	**Signalwort:** **so wäre es,** **so wäre es gewesen**
Wenn die sprechende Person zur Wirklichkeit persönlich Stellung nehmen will, wählt sie den **Subjonctif.** Mit dem Subjonctif drückt sie z.B. aus, • dass sie diese Wirklichkeit erfreulich, lustig, ärgerlich, skandalös etc. findet, • oder dass sie eine Änderung dieser Wirklichkeit wünscht. Eine ausführliche Behandlung des Subj. → **44ff**	Der Subjonctif umfasst im heutigen Sprachgebrauch nur noch 2 Zeiten: • der Subjonctif présent ist auf die Gegenwart und die Zukunft bezogen: René est déçu que Line ne **vienne** pas. *jetzt oder später* • der Subjonctif passé bezieht sich auf die Vergangenheit: Il est déçu que Line ne **soit** pas **venue.**	**Signalwort:** **so empfinde oder beurteile ich es.**
Wenn die sprechende Person eine Aufforderung aussprechen will, wählt sie den **Imperativ.**	Da Aufforderungen immer in der Gegenwart erfolgen, hat der Imperativ keine andern Zeiten.	**Signalwort:** **Tu das!** **Tun wir das!** **Tut das!**

Das Conditionnel und der Bedingungssatz

1 Vom Indikativ zum Conditionnel: wirklich oder bloss vorgestellt? Ü. 37

Das Conditionnel drückt nie die Wirklichkeit aus, sondern eine blosse Vorstellung.

	Wirklichkeit: Indicatif	Blosse Vorstellung: Conditionnel
Auf die **Gegenwart** bezogen	Joël **doit** souvent faire la queue aux guichets de la gare. **Présent**	Avec un abonnement des CFF, Joël ne **devrait** jamais faire la queue aux guichets de la gare. **Conditionnel I**
Auf die **Vergangenheit** bezogen	Joël **devait** souvent faire la queue aux guichets de la gare. **Imparfait**	Avec un abonnement des CFF, Joël n'**aurait** jamais **dû** faire la queue aux guichets de la gare. **Conditionnel II**

2 Von der Bedingung zum Bedingungssatz

Das Conditionnel ist oft mit einer **Bedingung** verbunden.
Im obigen Schema wird sie durch «avec un abonnement des CFF» ausgedrückt.
Unter dieser Bedingung (Besitz eines Abonnementes) müsste Joël nie am Schalter anstehen oder hätte er nie anstehen müssen.

Man kann eine solche Bedingung auch durch einen **Nebensatz** ausdrücken, der mit **si** *(=wenn, falls)* eingeleitet wird.

	si-Nebensatz	Hauptsatz im Conditionnel
Gegenwart:	Si Joël **avait** un abonnement, ...	il ne **devrait** jamais faire la queue.
Vergangenheit:	Si Joël **avait eu** un abonnement, ...	il n'**aurait** jamais **dû** faire la queue.

Der si-Nebensatz kann sowohl vor als auch hinter dem Haupsatz stehen.

	si-Nebensatz	Hauptsatz	si-Nebensatz
Gegenwart:	Si je savais tout, ...	je serais un génie	
		Je serais un génie ...	si je savais tout.
Vergangenheit:	Si on l' avait invité, ...	Jean serait venu.	
		Jean serait venu	si on l'avait invité.

Die obigen Beispiele zeigen eine **Besonderheit des Französischen,** die Fremdsprachigen oft Schwierigkeiten bereitet:
Im Gegensatz zum Deutschen steht im si-Nebensatz **nie das Conditionnel.**

3 Realer und irrealer Bedingungssatz

Ü. 37–41

Der reale Bedingungssatz

Die Bedingung im si/wenn-Satz kann möglicherweise erfüllt werden.

31 juillet

Si/wenn-Satz	Hauptsatz
S'il **fait** beau demain, *Wenn es morgen schön ist,*	on **lancera** des fusées.
S'il ne **pleut** pas demain, *Wenn es morgen nicht regnet,*	on **lancera** des fusées.
PRESENT	FUTUR

Das Présent bedeutet:
Vielleicht ist es so,vielleicht auch nicht. Beides ist möglich.

Der irreale Bedingungssatz

Auf die **Gegenwart** bezogen:
Die Bedingung im si/wenn-Satz <u>kann</u> (jetzt) <u>nicht</u> erfüllt werden.

1er août

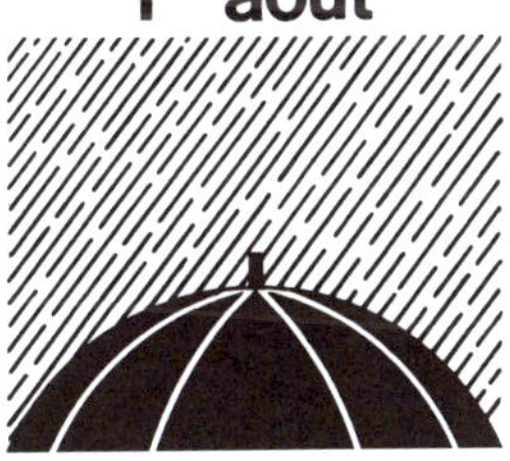

Si/wenn-Satz	Hauptsatz
S'il **faisait** beau (maintenant), *Wenn es schön wäre*	on **lancerait** des fusées.
S'il ne **pleuvait** pas, *Wenn es nicht regnen würde*	on **lancerait** des fusées.
IMPARFAIT	CONDITIONNEL I

Das Imparfait drückt aus:
In Wirklichkeit <u>ist</u> es (jetzt) <u>nicht</u> so.

Auf die **Vergangenheit** bezogen:
Die Bedingung im si/wenn-Satz konnte nicht erfüllt werden.

2 août

Si/wenn-Satz	Hauptsatz
S'il **avait fait** beau hier, *Wenn es schön gewesen wäre,*	on **aurait lancé** des fusées.
S'il n'**avait** pas **plu** hier, *Wenn es nicht geregnet hätte,*	on **aurait lancé** des fusées.
PLUS-QUE-PARFAIT	CONDITIONNEL II

Das Plus-que-parfait drückt aus:
In Wirklichkeit <u>war</u> es <u>nicht</u> so.

Der Subjonctif

Es gibt drei Arten von Nebensätzen, in denen bald der Indikativ, bald der Subjonctif gebraucht wird:

	Indikativ	Subjonctif
• **im QUE-Satz**	Je sais qu'il **est** malade.	Je regrette qu'il **soit** malade.
• **Im Relativsatz**	J'ai un ami qui me **fait** confiance.	J'aimerais un ami qui me **fasse** confiance.
• **im Konjunktionalsatz**	Je ne sors pas parce qu'il **pleut**.	Je sors bien qu'il **pleuve**. *obwohl …*

Man kann in diesen Sätzen aber nicht beliebig zwischen Indikativ und Subjonctif wählen. In diesem Kapitel wird erklärt, wann man den Indikativ verwendet und wann den Subjonctif.

1 Vom Indikativ der Feststellung zum «Subjonctif de sentiment» Ü. 42

Situation: ein Schülerstreik

Die **Wirklichkeit** wird **sachlich-neutral** gesehen *(ohne Brille):* → Indikativ

Feststellung: 	Les professeurs	**constatent** **voient** **découvrent**	**que** les élèves	**font**	la grève.
		Verben der sachlich neutralen Feststellung	**que** →	**Indikativ**	

Die Wirklichkeit wird durch die Brille des Gefühls gesehen: → **Subjonctif**

Verwunderung: 	M. Dutoit	**s'étonne** **trouve bizzare** **est surpris**	**que** les élèves	**fassent**	la grève.
Belustigung: 	Mme Pache	**trouve drôle** **trouve marrant** **trouve amusant**	**que** les élèves	**fassent**	la grève.
Befriedigung: 	M. Jobin	**est content** **trouve bien** **aime**	**que** les élèves	**fassent**	la grève.
Bedauern: 	Mme Bonnet	**regrette** **trouve triste** **est déçue**	**que** les élèves	**fassent**	la grève.
Empörung: 	Le directeur	**est fâché/choqué** **trouve scandaleux** **est furieux**	**que** les élèves	**fassent**	la grève.
		Verben des Gefühls	**que** →	**Subjonctif**	

Liste der «Verbes et expressions de sentiment»

Verwunderung

Je suis étonné(e) que ...
Je suis surpris(e) que ...
Quelle surprise que ...
C'est/Je trouve bizzare que ...

Belustigung

Ça/Cela m'amuse que ...
C'est/Je trouve amusant que ...
C'est/Je trouve drôle que ...
C'est/Je trouve marrant que ...
C'est/Je trouve rigolo que ...

Befriedigung/Freude

J'aime que ...
C'est/Je trouve bien que ...
C'est/Je trouve agréable que ...
Je suis content(e) que ...
Je suis heureux(-euse) que ...
Ça/Cela me fait plaisir que ...
C'est chic/chouette que ...
Quelle chance que ...
Je suis fier/fière que ...
C'est/Je trouve merveilleux que ...
C'est/Je trouve fantastique que ...
C'est/Je trouve admirable que ...
C'est/Je trouve formidable que ...
C'est/Je trouve extraordinaire que ...
C'est/Je trouve génial que ...
Je suis ravi(e) que ...
Je me réjouis que ...

Bedauern

C'est/Je trouve dommage que ...
Quel dommage que ...
Je suis désolé(e) que ...
Je regrette que ...

Unzufriedenheit/Empörung

Je n'aime pas que ...
C'est/Je trouve mauvais que ...
C'est/Je trouve désagréable que ...
C'est/Je trouve bête que ...
Ça/Cela m'ennuie que ...
C'est/Je trouve ennuyeux que ...
C'est/Je trouve idiot que ...
C'est/Je trouve triste que ...
C'est/Je trouve horrible que ...
Ça/Cela me déçoit que ...
Je suis déçu(e) que ...
Quel malheur que ...
Je déteste que ...
Je suis fâché(e)/choqué(e) que ...
Je suis furieux(-euse) que ...
Je trouve impossible que ...
C'est/Je trouve incroyable que ...
C'est/Je trouve scandaleux que ...
C'est le comble *Gipfel* que ...

Angst/Befürchtung

C'est/Je trouve dangereux que ...
J'ai peur que ...
Je crains que ...

Beachte:

1.
Das Verb **«espérer»** ist **kein** «Verbe de sentiment».
In der bejahenden Form löst es meistens ein FUTUR aus: J'espère que tu **viendras.**
J'espère que tu **seras** à l'heure.

2.
Das Verb **«sentir»** ist **kein** «Verbe de sentiment».
Es drückt eine blosse Wahrnehmung aus. Es sagt, dass jemand etwas spürt, empfindet, aber es sagt <u>nicht,</u> mit welchen Gefühlen er das tut.

3.
Das Verb **«trouver»** löst nur den Subjonctif aus, wenn es mit einem **Adjektiv** verbunden ist.

trouver **bizarre**
trouver **amusant**
trouver **scandaleux** etc.

2 Der «Subjonctif de volonté» Ü. 43–44

Als «Verbes de volonté» gelten Verben, die ausdrücken
- dass etwas sein darf/nicht sein darf: Billigung, Einverständnis/Missbilligung
- dass etwas sein soll/nicht sein soll: Wunsch, Forderung/Verbot

Ein **«Verb des Wollens»** löst im folgenden QUE-Satz automatisch den **Subjonctif** aus.

D'une part, les Blin		**trouvent normal** **trouvent naturel**	que leur fille	**ait**	envie de voyager.
	Ils	**sont d'accord** **veulent bien**	qu'elle	**prenne**	trois mois de vacances.
	Ils	**aimeraient** **voudraient**	qu'elle	**apprenne**	d'abord à conduire.
	Ils	ne **permettent** pas ne **tolèrent** pas	qu'elle	**conduise**	sans permis *Fahrausweis.*
D'autre part,	ils	**désirent/souhaitent** **veulent** **demandent** **exigent** *fordern*	qu'elle	**vienne**	en France avec eux.
Mais	Eve	**préfère/préfèrerait**	qu'ils y	**aillent**	sans elle.
Elle dit:	Il	**vaut mieux** **vaudrait mieux**	que je	**parte**	seule.
	Il	**faut**	que je	**sois**	indépendante *unabhängig.*
	M. Blin Mme Blin	**accepte** **supporte** mal	qu'elle ne	**veuille**	pas les accompagner.
		Verben des Wollens	**que**	**Subjonctif**	

Beachte:

Auch die Wendung **pourvu que** *hoffentlich* löst den «Subjonctif de volonté» aus:

Pourvu que tout le monde **soit** content.

3 Vom Indikativ zum Subjonctif nach den «Verbes de la balance» Ü. 45–46

Die «Verbes de sentiment» und die «Verbes de volonté» sind automatische Subjonctif-Auslöser. Das bedeutet: im nachfolgenden QUE-Satz muss immer der Subjonctif verwendet werden.

Es gibt aber auch **nicht-automatische** Subjonctif-Auslöser. Wir nennen sie **«Verbes de la balance»** *Waage*. Es sind Verben wie croire, penser, trouver, etc., bei denen der Gebrauch zwischen Indikativ und Subjonctif schwankt. Ob der Indikativ oder der Subjonctif zu wählen ist, hängt vom Sinn des Satzes ab.

Ein Beispiel:

Einige Schüler fragen sich, ob der neue Französischlehrer auch Deutsch kann. Im Augenblick lässt sich die Frage nicht sicher beantworten. Jeder erwägt, was dafür oder dagegen spricht. Er legt die Frage «auf die Waage». Wenn er das Ergebnis des Abwägens mitteilt, braucht er ein «Verbe de la balance» gefolgt von einem QUE-Satz.

Moi, **je suis sûr**(e) qu'il **sait** l'allemand.
Moi, **je suis certain**(e) qu'il **comprend** l'allemand.
Moi, **je crois**
Moi, **je pense**

Der Zeiger der Waage weist auf «JA» oder zumindest auf «eher JA»

Der **INDIKATIV** bedeutet: Meiner Meinung nach ist es **sicher** oder zumindest **wahrscheinlich**, dass er Deutsch kann.

Moi, **je ne suis pas sûr**(e) qu'il le **sache.**
Moi, **je ne suis pas certain**(e) qu'il le **comprenne.**
Moi, **je ne crois pas**
Moi, **je ne pense pas**

Der Zeiger der Waage weist auf «NEIN» oder zumindest auf «eher NEIN»

Der **SUBJONCTIF** bedeutet: Meiner Meinung nach ist es **ungewiss** oder **unwahrscheinlich**, dass er Deutsch kann.

Das sieht recht einfach aus.
Die Wirklichkeit ist leider komplizierter. Das liegt daran, dass die «Waage» nicht immer eindeutig auf die eine oder andere Seite ausschlägt, sondern oft in der Schwebe bleibt. Zum Beispiel, wenn der Abwägende denkt:

Wahrscheinlich ja. Aber so sicher ist das auch wieder nicht. Ein Nein ist unter Umständen auch denkbar. oder *Eigentlich meine ich: nein. Aber wer weiss? Ein Ja ist vielleicht doch nicht ganz auszuschliessen.*

Welchen Modus soll er in solchen Grenzfällen wählen? den Indikativ? den Subjonctif? Die Entscheidung hängt oft von feinsten **Nuancen** oder Zufälligkeiten ab, die ein **Nicht-Muttersprachler** nicht erkennen kann. Wer sich an die nachstehende Empfehlung hält, kann aber dennoch sicher sein, keine Fehler zu machen.

Empfehlung für Nicht-Muttersprachler

Stelle die Frage: Ist das «Verbe de la balance» bejahend? verneinend? fragend?

bejahend → Wähle den **Indikativ**
Je trouve que la grammaire **est** utile.

verneinend → Wähle den **Subjonctif**
Je ne trouve pas que la grammaire **soit*** utile.

fragend

Intonationsfrage / Est-ce que-Frage → Wähle den **Indikativ**
Tu trouves que la grammaire **est** utile?
Est-ce que tu trouves que la grammaire **est** utile?

Inversionsfrage → Wähle den **Subjonctif**
Trouves-tu que la grammaire **soit*** utile?

* Der Indikativ ist nicht falsch.
Er wird vor allem in der Umgangssprache gebraucht.

Ausnahme: «douter» löst **immer** (also auch bejahend) den Subjonctif aus.

4 Vom Indikativ zum Subjonctif nach unpersönlichen Verben (→ 50) Ü.46

Im QUE-Satz, der auf ein unpersönliches Verb folgt, ist der Subjonctif die Regel, der Indikativ die Ausnahme.

Die Regel

Die allermeisten unpersönlichen Verben lösen im QUE-Satz **automatisch** den **Subjonctif** aus.

Il est possible/Il se peut *es kann sein* que je me **sois** trompé(e) ...

Nach den folgenden drei unpersönlichen Verben kann im QUE-Satz zwischen Indikativ und Subjonctif gewählt werden. *(Die häufigere Form ist fett gedruckt.)*

Il est vraisemblable *wahrscheinlich*	que Lili	**viendra**	/	vienne.
Il est probable *wahrscheinlich*		**viendra**	/	vienne.
Il semble *es scheint*	que Luc lui	a téléphoné	/	**ait** téléphoné.

Die wenigen Ausnahmen

Nur nach den unpersönlichen Verben, die eine **Sicherheit** oder **grössere Wahrscheinlichkeit** ausdrücken, steht im QUE-Satz der **Indikativ**.

Il est sûr/certain *gewiss*
évident *offenkundig*
clair/vrai
Il parait *man sagt/es scheint*

que Claude **a gagné** au loto.

5 Vom Indikativ zum Subjonctif im Relativsatz Ü.48

Der Relativsatz enthält meistens eine sachliche Feststellung. Deshalb steht sein Verb im **Indikativ**.
Im **Subjonctif** steht das Verb,

- wenn der Relativsatz einen **Wunsch** ausdrückt: **«Subjonctif de volonté»**

Sachliche Feststellung: **Indikativ**	Wunsch: **Subjonctif**
J'ai un ami qui ... = *ein tatsächlich vorhandener Freund*	Moi aussi, je **voudrais** un ami qui ... je **cherche** un ami qui ... = *ein ersehnter Freund, den es vielleicht gar nicht gibt.*
J'ai un ami qui me **comprend**. qui me **fait** confiance.	Je **voudrais** un ami qui me **comprenne**. qui me **fasse** confiance.
Der **Indikativ** bedeutet: Er besitzt diese Eigenschaft **tatsächlich**.	Der **Subjonctif** bedeutet: Er **soll/sollte** diese Eigenschaften besitzen.

- wenn sich der Relativsatz auf einen **Superlativ** +Relativ bezieht: **«Subj. de sentiment»** *eine gefühlsbetonte Übertreibung*

Sachliche Feststellung:	Gefühlsbetonte Übertreibung
C'est un grand menteur.	C'est **le plus grand** menteur qui **soit**. *existiert*
C'est un excellent restaurant.	C'est **le meilleur** restaurant que je **connaisse**.
	qu'on **puisse** trouver.

6 Indikativ oder Subjonctif nach Konjunktionen

Ü. 48–50

Mit ganz wenigen Ausnahmen, von denen hier nicht die Rede sein soll, löst jede Konjunktion **automatisch** entweder den Indikativ oder den Subjonctif aus.

Elle a pris un taxi	**parce qu'**	elle	était	en retard.	... *weil*	INDICATIF
Je ne dors plus	**depuis que**	j'ai	reçu	ta lettre	... *seit/seitdem*	
Qui arrosera nos fleurs	**quand**	nous	serons	en vacances?	... *wenn*	
	lorsque	nous	serons	en vacances?	... *wenn*	
	pendant que	nous	serons	en vacances?	... *während*	
Nous partirons	**aussitôt qu'**	il	fera	beau.	... *sobald*	
	dès qu'	il	fera	beau.	... *sobald*	
Luc a téléphoné	**après que**	tu	étais parti(e)*.		... *nachdem*	
Luc a téléphoné	**après que**	tu	**sois parti(e)*.**		... ***nachdem***	
J'aimerais rentrer	**avant qu'**	il	**fasse**	nuit.	... ***bevor***	SUBJONCTIF
Peux-tu rester ici	**jusqu'à ce que**	je	**revienne?**		... ***bis*****	
Yves a pris mon vélo	**sans que**	je le	**sache.**		... ***ohne dass***	
Je continue à travailler	**bien que**	je	**sois**	fatigué(e).	... ***obwohl***	
	quoique	je	**sois**	fatigué(e).	... ***obwohl***	
	malgré que	je	**sois**	fatigué(e).	... ***obwohl***	
Que faut-il faire	**pour que**	tu	**sois**	content(e)?	... ***damit***	
	afin que	tu	**sois**	content(e)?	... ***damit***	
Je ferai la vaisselle	**à condition que**	tu	**fasses**	tous les achats.	... ***unter der Bedingung, dass***	

Beachte: * Die Grammatik verlangt nach **après que** den Indikativ.
Dennoch wird heute immer häufiger der Subjonctif verwendet.
** nach dem Verb «attendre» wird «jusqu'à ce que» zu «que» verkürzt.

Récapitulation

Ü. 47

Das REGISTER (Seite 135–140) **gibt Auskunft!**

Wer bei einem VERB oder einer KONJUNKTION unsicher ist, ob der INDIKATIV oder der SUBJONCTIF folgt, braucht nicht in der Grammatik nachzulesen:
die Antwort findet sich bereits im REGISTER!

Das unpersönliche Verb

1 Vom persönlichen Verb zum «Verbe impersonnel» Ü. 51

Persönlich nennt man ein Verb, das man konjugieren, d.h. in alle **Personen** der Einzahl und Mehrzahl setzen kann: je fais / tu fais / **il** fait — nous faisons / vous faites / ils font	Ein **unpersönliches Verb** lässt sich nicht konjugieren: es kommt **nur in der 3. Person Einzahl** vor, eingeleitet durch **«il»** oder **«ça/ce»**
J'attends mon père; **il** rentre à 5 heures. **il = mon père**	**Il** pleut; **il** neige; **il** fait froid/chaud. **il = ? il = ? il = ?**
Voilà mon chien; il s'appelle Médor. **il = mon chien**	**Il** faut; **il** s'agit de … **il = ? il = ?**
Regarde mon vélo; **il** a 12 vitesses *Gänge*. **il = mon vélo**	Ça va; c'est dommage. **ça = ? ce = ?**
Das **persönliche «il»** bezeichnet eine Person, ein Tier oder eine Sache.	Das **unpersönliche «il»** (oder «ce/ça») entspricht dem deutschen **«es»** und bezeichnet nichts Konkretes.

D>F **Vorsicht beim Übersetzen**

Deutsch: unpersönlich	Französisch: persönlich
Es geht mir gut/schlecht.	**Je** vais bien/mal.
Wie geht **es** dir?	Comment vas-**tu**?
Es gefällt mir hier.	**Je** me plais ici.
Es ist ihr schlecht.	**Elle** a mal au coeur.
Es freut uns, dass …	**Nous** sommes contents que …
Es tut mir Leid.	**Je** regrette.
Es wird ihnen gelingen.	**Ils/Elles** y arriveront. **Ils/Elles** réussiront.
Es fehlt dir an Geduld.	**Tu** manques de patience.

Französich: unpersönnlich	Deutsch: persönlich
Il me faut …	**Ich** brauche …
Il te faut …	**Du** brauchst …
Il lui faut …	**Er** braucht …
Il lui faut …	**Sie** braucht …
Il nous faut …	**Wir** brauchen …
Il vous faut …	**Ihr** braucht …
Il leur faut …	**Sie** brauchen …

Die meisten unpersönlichen Verben lösen den Subjonctif aus, einige auch den Indikativ → **48**

Das Verbe pronominal

1 Vom einfachen Verb zum Verbe pronominal

Ü. 52

Einfaches Verb: laver

je	lave	nous	lavons
tu	laves	vous	lavez
il	lave	ils	lavent

Verbe pronominal: se laver

je	**me**	lave	nous	**nous**	lavons
tu	**te**	laves	vous	**vous**	lavez
il	**se**	lave	ils	**se**	lavent

Sehr oft stimmen französische und deutsche Verben überein:

sich	*wundern*	**s'**	étonner
sich	*freuen*	**se**	réjouir
sich	*streiten*	**se**	disputer
sich	*verirren*	**se**	perdre
sich	*anziehen*	**s'**	habiller
sich	*verheiraten*	**se**	marier
sich	*nach X. begeben*	**se**	rendre à X.
sich	*beeilen*	**se**	dépêcher
sich	*hinlegen*	**se**	coucher
sich	*kümmern um*	**s'**	occuper de
sich	*langweilen*	**s'**	ennuyer
sich	*erinnern*	**se**	souvenir
sich	*gewöhnen*	**s'**	habituer
sich	*beklagen*	**se**	plaindre

D>F Manchmal herrscht <u>keine</u> Übereinstimmung

heissen	**s'**	appeler
stehen bleiben	**s'**	arrêter
baden	**se**	baigner
(ent)fliehen	**s'**	enfuir
davonrennen	**se**	sauver
davonfliegen	**s'**	envoler
parkieren	**se**	garer
spazieren (gehen)	**se**	promener
einschlafen	**s'**	endormir
aufwachen	**se**	réveiller
schweigen	**se**	taire
weggehen	**s'**	en aller
ertrinken	**se**	noyer
aufstehen	**se**	lever

sich	*fürchten*	avoir peur
sich	*schämen*	avoir honte
sich	*bewegen*	bouger
sich	*(ver)ändern*	changer
sich	*verlieben*	tomber amoureux
sich	*erkälten*	prendre froid
sich	*verabschieden*	prendre congé
sich	*scheiden lassen*	divorcer
sich	*weigern*	refuser
sich	*gedulden*	patienter
sich	*getrauen*	oser

Der Gebrauch der Hilfsverben «avoir» und «être»

Die Hilfsverben (Verbes auxiliaires) **avoir** und **être** dienen zur Bildung der zusammengesetzten Zeiten.

Avoir:	Tausende von Verben werden mit **avoir** konjugiert, darunter auch solche, die im Deutschen mit «sein» verbunden werden.	
Être:	Mit **être** konjugiert werden:	• **13 einfache Verben** (Verbes de l'hôpital) • **sämtliche Verbes pronominaux**

1 Die mit «être» konjugierten einfachen Verben Ü. 53

1.1 Les verbes de l'hôpital

Folgende 13 Verben, darunter 5 Gegensatzpaare, werden – wie im Deutschen – mit **«être»** konjugiert.

naître	↔	**mourir**	*sowie:*	**tomber**
venir	↔	**aller à …**		**retourner**
arriver	↔	**partir**		**rester**
entrer	↔	**sortir**		
monter	↔	**descendre**		

Auch Zusammensetzungen dieser Verben mit «**re-**» oder einer andern Vorsilbe verlangen das Hilfsverb **«être»**
z.B. **re**ntrer, **re**descendre, **de**venir

Die 13 Verben lassen sich im Merkbild **«Les verbes de l'hôpital»** zusammenfassen:

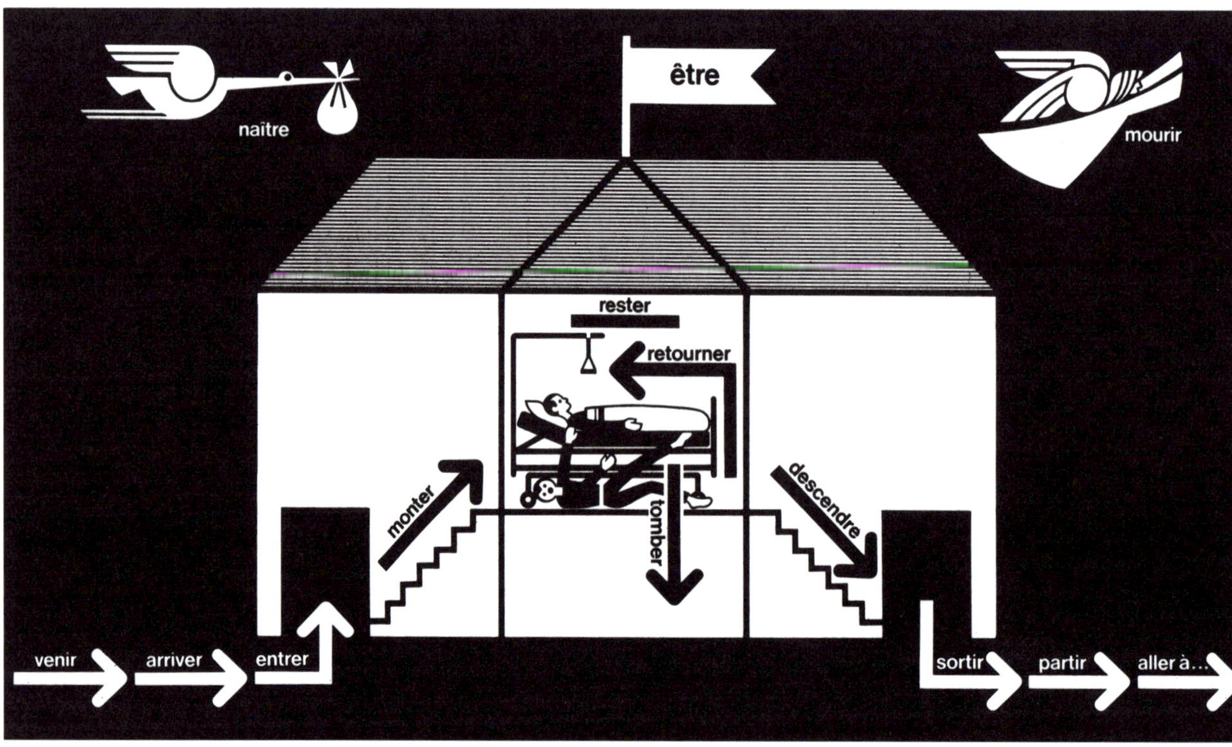

1.2 Die Verbes pronominaux (= Infinitiv mit «se») Ü. 55–56

Im Gegensatz zum Deutschen werden die Verbes pronominaux ausnahmslos mit **être** konjugiert.

Passé composé				Plus-que-parfait				Futur/Conditionnel			
je	me	suis	couché(e)	je	m'	étais	sauvé(e)	je	me	serai / serais	installé(e)
tu	t'	es	endormi(e)	tu	t'	étais	arrêté(e)	tu	te	seras / serais	baigné(e)
il	s'	est	réveillé	il	s'	était	dépêché	il	se	sera / serait	assis
elle	s'	est	réveillée	elle	s'	était	dépêchée	elle	se	sera / serait	assise
nous	nous	sommes	levé(e)s	nous	nous	étions	coupé(e)s	nous	nous	serons / serions	disputé(e)s
vous	vous	êtes	habillé(e)s	vous	vous	étiez	blessé(e)s	vous	vous	serez / seriez	ennuyé(e)s
ils	se	sont	peignés	ils	s'	étaient	plaints	ils	se	seront / seraient	amusés
elles	se	sont	peignées	elles	s'	étaient	plaintes	elles	se	seront / seraient	amusées

2 Die mit «avoir» konjugierten Verben Ü. 54–56

Mit Ausnahme einiger hier nicht aufgeführter Sonderfälle werden alle andern Verben mit «avoir» konjugiert.

2.1 Verben, die im Deutschen mit «sein», im Französischen aber mit «avoir» konjugiert werden:

être:	Elle	**a**	été à Genève.	… ***ist***	… *gewesen*
marcher:	J'	**ai**	marché plus d'une heure.	… ***bin***	… *marschiert*
courir:	Ils	**ont**	couru très, très vite.	… ***sind***	… *gelaufen*
glisser:	Il	**a**	glissé sur une peau de banane.	… ***ist***	… *ausgerutscht*
grimper:	Elle	**a**	grimpé sur un arbre.	… ***ist***	… *geklettert*
sauter:	J'	**ai**	sauté du lit.	… ***bin***	… *gesprungen*
nager:	Nous	**avons**	nagé jusqu'au pont.	… ***sind***	… *geschwommen*
voler:	L'oiseau	**a**	volé sur un arbre.	… ***ist***	… *geflogen*
rouler:	Ils	**ont**	roulé trop vite.	… ***sind***	… *gefahren (Auto)*
voyager:	Vous	**avez**	beaucoup voyagé.	… ***seid***	… *gereist*
décoller:	L'avion	**a**	décollé à 7 h 02.	… ***ist***	… *gestartet*
atterrir:	Nous	**avons**	atterri une heure plus tard.	… ***sind***	… *gelandet*

2.2 Einige Verben mit doppelter Bedeutung: Ü. 55

Einige Verben werden in ihrer Hauptbedeutung mit «**être**» konjugiert (Verbes de l'hôpital), in ihrer Nebenbedeutung mit «**avoir**».

	Hauptbedeutung: **sich selber bewegen** (Verbes de l'hôpital)	**Nebenbedeutung:** **eine Sache bewegen** (Complément direct)
monter:	Elle **est** montée sur la tour.	Elle **a** monté [sa valise] au grenier.
descendre:	Elle **est** descendue à la cave.	Elle **a** descendu [son vélo] à la cave.
sortir:	Elle **est** sortie avec ses amis.	Elle **a** sorti [la voiture] du garage.
rentrer:	Elle **est** rentrée très tard.	Elle **a** rentré [la voiture] au garage.
retourner:	Elle **est** retournée à Genève.	Elle **a** retourné [le matelas].
	Hilfsverb **«être»**	Hilfsverb **«avoir»**

Mit welchem Hilfsverb ein Verb konjugiert wird, kann man im Register nachschlagen.

Das Participe passé und seine Veränderlichkeit

Feste Regeln bestimmen,

- wann das **Participe passé** unveränderlich ist
- wann es **veränderlich** ist wie ein Adjektiv

-	-e
-s	-es

1 Das Participe passé der mit «être» konjugierten Verben

Je	suis	arrivé.	Je	suis	arrivé**e**.
Tu	es	arrivé	Tu	es	arrivé**e**.
Il	est	arrivé.	Elle	est	arrivé**e**.
Nous	sommes	arrivé**s**.	Nous	sommes	arrivé**es**.
Vous	êtes	arrivé**s**.	Vous	êtes	arrivé**es**.
Ils	sont	arrivé**s**.	Elles	sont	arrivé**es**.

Die **Endungen** des **Participe passé** richten sich
- in Geschlecht (masculin/féminin)
- und Zahl (singulier/pluriel)

nach dem **Subjekt**.

2 Das Participe passé der mit «avoir» konjugierten Verben

Ü. 57–60

Das Sujet hat **keinen** Einfluss auf die Endungen des Participe passé, dagegen das **Complément direct**, aber nur wenn es **vor** dem Verb steht.

Entscheidende Frage:

Steht vor dem Verb ein Complément direct?

Wenn **NEIN,** ist das Participe passé **unveränderlich.**

Wenn **JA,** ist es **veränderlich.**

Beispiele:

Vor dem Verb steht kein Complément direct

Jean m' a téléphoné.
Eve t' a pardonné.
Marc lui a demandé le chemin.

Line nous a écrit.
Yves vous a envoyé une carte.
Luc leur a demandé l'heure.

Das Personalpronomen *me, te, lui, etc.* antwortet auf die Frage: *à qui?/wem?*. Es ist also nicht Complément direct, sondern Complément indirect. Es hat folglich keinen Einfluss auf das Participe passé.
Die Sätze enthalten entweder kein Complément direct oder eines, das hinter dem Verb steht und deshalb keinen Einfluss auf das Participe passé hat.

Das Participe passé ist **unveränderlich**, weil **kein** Complément direct vorausgeht.

Vor dem Verb steht ein Complément direct

• Das Complément direct ist ein Personalpronomen

Des amis m' ont invité.	Des amis m' ont invité**e**.	
Des amis t' ont invité.	Des amis t' ont invité**e**.	
Des amis l' ont invité.	Des amis l' ont invité**e**.	
Des amis nous ont invité**s**.	Des amis nous ont invité**es**.	
Des amis vous ont invité**s**.	Des amis vous ont invité**es**.	
Des amis les ont invité**s**.	Des amis les ont invité**es**.	

Das Personalpronomen *me, te, le, la etc.* antwortet auf die Frage: *qui?/wen?* Es ist also Complément direct. Dieses Complément direct steht vor dem Verb.

Die Endungen des Participe passé richten sich nach dem **vorangehenden** Complément direct: me, te, le, la, nous, vous, les.

• Das Complément direct ist das Relativpronomen «que»

Ü. 134

l' homme que j'ai vu	la femme que j'ai vu**e**
les hommes que j'ai vu**s**	les femmes que j'ai vu**es**

Das Relativpronomen *que* ist Complément direct. Dieses Complément direct steht vor dem Verb.

Die Endungen des Participe passé richten sich nach dem **vorangehenden** Complément direct: que.

• Das Complément direct steht am Satzanfang: Quel … / Lequel / Combien de …

Quel ami	as-tu invité?	Quelle amie	as-tu invité**e**?
Lequel	as-tu invité?	Laquelle	as-tu invité**e**?
Quels amis	as-tu invité**s**?	Quelles amies	as-tu invité**es**?
Lesquels	as-tu invité**s**?	Lesquelles	as-tu invité**es**?
Combien d'amis	as-tu invité**s**?	Combien d'amies	as-tu invité**es**?

Diese Fragen beginnen mit einem Complément direct. Dieses Complément direct steht vor dem Verb.

Die Endungen des Participe passé richten sich nach dem **vorangehenden** Complément direct: Quel …? / Lequel? / Combien de …

3 Das Participe passé der Verbes pronominaux

Ü. 60–61

Die Regeln zur Veränderlichkeit des *Participe passé* der *Verbes pronominaux* sind äusserst kompliziert und machen selbst Muttersprachlern einige Mühe. Wir geben deshalb im Folgenden

- **eine vereinfachte Regel**. Sie genügt in der Mehrzahl der Fälle. → **3.1**
- **eine erweiterte Regel für Fortgeschrittene**: Sie erfasst auch die relativ seltenen Fälle, wo die vereinfachte Regel nicht ausreicht. → **3.2**

3.1 Vereinfachte Regel

Ü. 76 b

Je	**me**	suis	lavé.	Je	**me**	suis	lavé**e**.
Tu	**t'**	es	caché.	Tu	**t'**	es	caché**e**.
Il	**s'**	est	trompé.	Elle	**s'**	est	trompé**e**.
Nous	**nous**	sommes	tu**s**.	Nous	**nous**	sommes	tu**es**.
Vous	**vous**	êtes	plaint**s**.	Vous	**vous**	êtes	plaint**es**.
Ils	**se**	sont	dépêché**s**.	Elles	**se**	sont	dépêché**es**.

Das Participe passé ist **veränderlich.** Es richtet sich in Geschlecht und Zahl nach dem aufs Subjekt bezogenen Pronomen ***me, te se, nous, vous, se.***

F>D **Beachte:**

		Im Deutschen ohne «sich»				
se	taire	*schweigen*	→ Ils	**se**	sont	tu**s**.
se	promener	*spazieren*	→ Elle	**s'**	est	promené**e**.
s'	endormir	*einschlafen*	→ Vous	**vous**	êtes	endormi(e)**s**.
se	réveiller	*aufwachen*	→ Nous	**nous**	sommes	réveillé(e)**s**.
s'	en aller	*fortgehen*	→ Elle	**s'** en	est	allé**e**.

Die vereinfachte Regel stimmt mit absoluter Sicherheit bei allen Verbes pronominaux, die im Deutschen **nicht** pronominal sind.

3.2 Erweiterte Regel für Fortgeschrittene

Ü. 86

Das Participe passé der **Verbes pronominaux** ist immer mit dem Hilfsverb **être** verbunden.
Trotzdem verhält es sich wie das Participe passé der mit **avoir** konjugierten Verben.

Entscheidene Frage:

Steht vor dem Verb ein Complément direct? Wenn **NEIN,** ist das Participe passé **unveränderlich.** Wenn **JA,** ist es **veränderlich.**

Beispiele:

Vor dem Verb steht kein Complément direct

Elle	s'	est	acheté	un disque.
Nous	nous	sommes	écrit.	
Nous	nous	sommes	écrit	des lettres.
Ils	se	sont	donné	la main.
Elles	se	sont	téléphoné.	

Das Pronomen *me, te, se, etc.* ist Complément indirect. (Frage: *à qui?/wem?*)
Es hat keinen Einfluss auf das Participe passé.
Die Sätze enthalten entweder **kein** Complément direct oder eines, das **hinter** dem Verb steht.

Das Participe passé ist **unveränderlich**, weil **kein** Complément direct vorausgeht.

Vor dem Verb steht ein Complément direct

• Das Complément direct ist ein Personalpronomen

Je	me	suis	levé.	Je	me	suis	levée.
Tu	t'	es	levé.	Tu	t'	es	levée.
Il	s'	est	levé.	Elle	s'	est	levée.
Nous	nous	sommes	levés.	Nous	nous	sommes	levées.
Vous	vous	êtes	levés.	Vous	vous	êtes	levées.
Ils	se	sont	levés.	Elles	se	sont	levées.

Das zum Verb gehörige Pronomen *me, te, le, la etc.* antwortet auf die Frage: *qui?/wen?*

Es ist also Complément direct.

Dieses Complément direct steht vor dem Verb.

Die Endungen des Participe passé richten sich nach dem **vorangehenden** Complément direct : me, te, se, nous, vous, se.

• Das Complément direct ist das Relativpronomen «que»

le pull qu' il s'est acheté	la veste qu' il s'est achetée
les pulls qu' il s'est achetés	les vestes qu' il s'est achetées

Das Relativpronomen *que* ist Complément direct.

Dieses Complément direct steht vor dem Verb.

Die Endungen des Participe passé richten sich nach dem **vorangehenden** Complément direct: que.

• Das Complément direct steht am Satzanfang: Quel … / Lequel / Combien de …

Quel pull	t'es-tu acheté?	Quelle veste	t'es-tu achetée?
Lequel	t'es-tu acheté?	Laquelle	t'es-tu achetée?
Quels pulls	t'es-tu achetés?	Quelles vestes	t'es-tu achetées?
Lesquels	t'es-tu achetés?	Lesquelles	t'es-tu achetées?
Combien de pulls	t'es-tu achetés?	Combien de vestes	t'es-tu achetées?

Diese Fragen beginnen mit einem Complément direct.

Dieses Complément direct steht vor dem Verb.

Die Endungen des Participe passé richten sich nach dem **vorangehenden** Complément direct: Quel …? / Lequel? / Combien de …

Récapitulation

Ü. 62–63

Das Participe présent und der Gérondif

Participe présent und **Gérondif** sind **unveränderliche Verbformen.**

Participe présent:	allant	finissant	faisant	recevant
Gérondif:	en allant	en finissant	en faisant	en recevant

1 Der Gebrauch des Participe présent

Ü. 64–65

Das Participe présent wird vor allem in der gehobenen Sprache verwendet. Es ersetzt:

einen Relativsatz mit «qui» *oder* **einen Kausalsatz** *(Nebensatz des Grundes)*

J'aime les gens qui jouissent *geniessen* de la vie.
J'aime les gens **jouissant** de la vie.

Comme il était malade, il n'est pas venu en classe.
Etant malade, il n'est pas venu en classe.
Puisqu'il n'a pas congé, il ne pourra pas venir.
N'**ayant** pas congé, il ne pourra pas venir.

Il se taisait parce qu'il ne savait pas que dire.
Il se taisait ne **sachant** pas que dire.

2 Der Gebrauch des Gérondif

Ü. 66–68

Im Gegensatz zum Participe présent wird der Gérondif auch in der Umgangssprache sehr häufig verwendet. Mit einen Gérondif kann man die Gleichzeitigkeit oder die Art und Weise ausdrücken.

Die Gleichzeitigkeit — Signalwort: **en même temps**

Elle lit le journal et – *en même temps* – elle boit son café.

Elle lit le journal **en buvant** son café. / **En buvant** son café, elle lit le journal.

während/wenn sie (ihren) Kaffee trinkt
beim Kaffeetrinken

Elle boit son café **en lisant** le journal. / **En lisant** le journal, elle boit son café.

während/wenn sie Zeitung liest
beim Zeitunglesen

Beachte:
Der Gérondif bezieht sich immer auf das Subjekt.

Die Art und Weise/das Mittel — Signalwort: **comment?**

– J'aimerais devenir comme ce champion. *Mais comment?*

• Tu peux devenir comme lui........... **en** t' **entraînant** beaucoup,
en te **spécialisant**,
en lui **demandant** conseil *Rat*

indem du ...
dadurch, dass du ...

Beachte: Das Personalpronomen (me, te, le, lui, etc.) schiebt sich zwischen **en** und die Verbform.

Der Gérondif ist **«zeitlos»**. Er bezieht sich auf:

– die **Vergangenheit,** wenn das konjug. Verb in der Vergangenheit steht.	– die **Gegenwart,** wenn das konjug. Verb in der Gegenwart steht.	– die **Zukunft,** wenn das konjugierte Verb in der Zukunft steht.
Tu m'**as fait** plaisir **en venant** me voir.	Tu me **fais** plaisir **en venant** me voir.	Tu me **feras** plaisir **en venant** me voir.

Vom Aktiv zum Passiv

1 Die Aufgaben und Formen des Passiv

Ü. 69–75

Ein und dieselbe Situation kann auf zwei verschiedene Arten dargestellt werden.

Im Vordergrund steht die Polizei.

La police **arrête** le voleur.

Das Subjekt handelt.
Es ist **aktiv.**

Im Vordergrund steht der Dieb.

Le voleur **est arrêté** par la police.

Das Subjekt erduldet die Handlung.
Es ist **passiv.**

L'actif	arrêter		
La police	**arrête**	le voleur.	Présent
… si la police	**arrêtait**	le voleur.	Imparfait
La police	**arrêta**	le voleur.	Passé simple
La police	**arrêtera**	le voleur.	Futur I
La police	**arrêterait**	le voleur.	Conditionnel I
… que La police	**arrête**	le voleur.	Subjonctif présent
La police	**a arrêté**	le voleur.	Passé composé
La police	**avait arrêté**	le voleur.	Plus-que-parfait
La police	**aura arrêté**	le voleur.	Futur II
La police	**aurait arrêté**	le voleur.	Conditionnel II
… que la police	**ait arrêté**	le voleur.	Subjonctif passé
	Konjugiert wird das Hauptverb		

Le passif	être arrêté		
Le voleur	**est**	**arrêté**	par la police.
… si le voleur	**était**	**arrêté**	par la police.
Le voleur	**fut**	**arrêté**	par la police.
Le voleur	**sera**	**arrêté**	par la police.
Le voleur	**serait**	**arrêté**	par la police.
… que le voleur	**soit**	**arrêté**	par la police.
Le voleur	**a été**	**arrêté**	par la police.
Le voleur	**avait été**	**arrêté**	par la police.
Le voleur	**aura été**	**arrêté**	par la police.
Le voleur	**aurait été**	**arrêté**	par la police.
… que le voleur	**ait été**	**arrêté**	par la police.
	Konjugiert wird das Hilfsverb «être»	**Das Hauptverb steht immer im Part. passé***	

* Dieses Participe passé ist **veränderlich,** da es mit **être** konjugiert ist:

Il a été arrêté	Elle a été arrêté**e**
Ils ont été arrêté**s**	Elles ont été arrêté**es**

2 Der Passiv-Ersatz

Ü. 74–75

Das Französische verwendet das Passiv weniger häufig als das Deutsche.
Es verfügt über mehrere Möglichkeiten, das etwas schwerfällige Passiv zu ersetzen:

On	
Le dimanche, **on** ne travaille pas.	*Am Sonntag wird nicht gearbeitet.*
Après le repas, **on** a dansé.	*Nach dem Essen wurde getanzt.*

Das Verbe pronominal	
Ce mot ne **s'emploie** presque plus.	*Dieses Wort wird kaum noch gebraucht.*
Le verbe «être» **se conjugue** avec «avoir».	*Das Verb «être» wird mit «avoir» konjugiert.*

se faire + Infinitiv	
Notre chat **s'est fait** écraser.	*Unsere Katze ist überfahren worden.*
Cet employé risque de **se faire** renvoyer.	*Er riskiert, entlassen zu werden.*

Die Frage / L'interrogation

Ü. 76–78

Im Französischen gibt es drei verschiedene Möglichkeiten, eine Frage zu stellen:

Tu as compris? Luc viendra?	**Intonationsfrage** (Intonation = Satzmelodie)
Est-ce que tu as compris? Est-ce que Luc viendra?	**Est-ce que-Frage** (Est-ce que = Ist es so, dass …?)
As-tu compris? Luc viendra-t-il?	**Inversionsfrage** (Inversion= Umstellung von Subjekt und Verb)

Wie sich diese drei Frageformen unterscheiden und unter welchen Bedingungen man eher die eine oder die andere verwendet, soll im Folgenden gezeigt werden.

1 Vom Aussagesatz zum Fragesatz ohne Fragewort

Aussagesatz

C'	est	l'heure. *Es ist Zeit.*
Tu	dois	partir.
Le cours	commence	à 5 heures.

Der Aussagesatz enthält eine Feststellung, eine Behauptung, eine Mitteilung.
Typische Wortfolge: 1. Subjekt 2. Verb

Intonationsfrage

C'	est	l'heure**?**
Tu	dois	partir**?**
Le cours	commence	à 5 heures**?**

Dieselben Wörter wie im Aussagesatz in derselben Reihenfolge: 1. Subjekt 2. Verb
Aber es ist eine Frage, erkennbar am Fragezeichen und – vor allem – an der **steigenden Satzmelodie.**

Est-ce que-Frage

Est-ce que	c'	est	l'heure?
Est-ce que	tu	dois	partir?
Est-ce que	le cours	commence	à 5 heures?

Wieder dieselben Wörter in derselben Reihenfolge: 1. Subjekt 2. Verb
Aber es geht ihnen das Frageelement **«est-ce que»** voraus.

Inversionsfrage

	Est	**-ce**	l'heure?
	Dois	**-tu**	partir?
Le cours	commence	**-t-il**	à 5 heures?

Die **Wortfolge ist umgestellt:**
1. Verb 2. Subjekt (dazwischen Bindestrich)
Das Subjekt hinter dem Verb **muss** ein **Pronomen** sein.
Wenn nicht klar wird, wer oder was mit diesem Pronomen gemeint ist, wird das Subjekt doppelt genannt:
– als Nomen vor dem Verb *(le cours),*
– als Pronomen hinter dem Verb *(il).*

Beachte das Bindungs -t:

Ton ami rest**e-t-il** ici?
Ou v**a-t-il** à Paris?
Ta soeur **a-t-elle** des projets?

Bei Verbformen, die auf **-e** oder auf **-a** enden, wird ein **Bindungs-t** eingeschoben. Es steht zwischen zwei Bindestrichen.

2 Der Fragesatz mit Fragewort

Intonationsfrage

Comment tu t'appelles? **Où** tu vas? **Quand** tu pars?		Das Fragewort steht entweder – am **Anfang** der Frage
Tu t'appelles **comment?** Tu vas **où?** Tu pars **quand?**		– oder am **Ende** der Frage.

Est-ce que-Frage

Comment est-ce que tu t'appelles? **Où** est-ce que tu vas? **Quand** est-ce que tu pars?	Das Fragewort steht immer am **Anfang** der Frage, direkt vor «est-ce que».

Inversionsfrage

Comment t'appelles-tu? **Où** vas-tu? **Quand** pars-tu?	Das Fragewort steht immer am **Anfang** der Frage.

3 Das Verhältnis von Frageform und Sprechsituation

Die Intonationsfrage: vorwiegend mündlich

Die Intonationsfrage gehört der **Umgangssprache** an.
Sie ist heute die mit Abstand **häufigste Frageform im Alltag.**
In der Familie, im privaten Gespräch mit Freunden, Bekannten und Kollegen verwendet man vorwiegend die Intonationsfrage, d.h. immer dann, wenn man sich nicht verpflichtet fühlt, besonders gepflegt zu sprechen. Im geschriebenen Französisch findet sich die Intonationsfrage seltener. Nur wenn jemand ein Alltagsgespräch wiedergeben will, wählt er die für den Alltag typische Intonationsfrage.

Die Est-ce que-Frage: mündlich und schriftlich

Die Est-ce que-Frage kann mündlich und schriftlich **in allen Situationen** verwendet werden. Auffallend häufig gebraucht wird sie in Interviews.

Die Inversionsfrage: vorwiegend schriftlich

Die Inversionsfrage ist ein Kennzeichen der **gepflegten Sprache.** Es ist die vorherrschende Frageform in **gedruckten Texten,** ja selbst in **Briefen.** In gewissen Situationen wird sie aber auch in der gesprochenen Sprache den andern Frageformen vorgezogen: wer vor Publikum spricht, wer sich aus irgendwelchen Gründen gepflegt ausdrücken will oder muss, verwendet die Inversionsfrage.

Die Verneinung / La négation

Ü. 79–80

1 Die Verneinung

Die folgenden Sätze sind umgangssprachlich völlig korrekt:

Je	l'ai	**pas**	vu.
Il	m'a	**rien**	dit.
Ils	sont	**jamais**	contents.

In der gepflegten Sprache und im geschriebenen Französisch verlangen jedoch alle Verneinungen ein **ne** vor dem Verb (resp. vor dem zum Verb gehörigen Pronomen *me, te, le, lui, etc.*)

Je	**ne**	l'ai	**pas**	vu.
Il	**ne**	m'a	**rien**	dit.
Ils	**ne**	sont	**jamais**	contents.

Eve	**ne**	veut	**pas**	grossir,	*nicht*
elle	**ne**	boit	**plus**	d'alcool,	*nicht mehr, keinen mehr*
elle	**ne**	mange	**jamais**	trop,	*nie*
elle	**ne**	prend	**rien**	entre les repas,	*nichts*
elle	**n'**	invite	**personne**	pour le thé,	*niemand*
elle	**ne**	va	**nulle part** .		*nirgends*
Pendant 2 mois, elle	**ne**	fera	**aucune**	exception,	*keine (einzige)*
elle	**n'**	acceptera	**ni**	soirée	*weder …*
			ni	invitation.	*… noch*

Beachte:

Einige dieser Verneinungen können durch «*du tout*» verstärkt werden.

Je **ne** les connais **pas du tout.**	*überhaupt nicht*
Je **ne** la vois **plus du tout.**	*überhaupt nicht mehr*
Le sport **ne** me dit **rien du tout.**	*überhaupt nichts*

«*Ne … plus*» kann mit andern Verneinungen kombiniert werden.

Je **ne** connais **plus personne** ici.	*niemand mehr*
Marc **ne** fait **plus rien.**	*nichts mehr*
On **ne** se reverra **plus jamais.**	*nie mehr*
Cela **n'**a **plus aucun** sens *Sinn.*	*keinen … mehr*

Nach einer Verneinung wird der Teilungsartikel *(du/de la/des)* durch blosses «*de*» ersetzt. → 97

Je **ne** fais	**pas de**	fautes.
	plus de	fautes.
	jamais de	fautes.

Verneinung am Satzanfang

Im Allgemeinen rahmt die Verneinung das Verb ein: «*ne*» steht vor dem Verb, «*rien*»/«*personne*»/*etc.* hinter dem Verb.

Guy	**ne**	craint	**rien.**
Il	**ne**	craint	**personne.**
Il	**ne**	craint	**aucun** danger.
Il	**n'**	a	**jamais** peur.

Der Satz kann aber auch mit der Verneinung beginnen: «Rien»/«Personne»/«Aucun»/«Jamais» stehen am Satzanfang, «*ne*» behält seinen Platz bei.

Rien	**ne**	lui fait peur.
Personne	**ne**	lui fait peur.
Aucun danger	**ne**	lui fait peur.
Jamais il	**n'**	a peur.

2 Die Verneinung ohne Verb

Die kürzeste Verneinung ist NON.
Aber auch andere Verneinungen können allein, d.h. ohne Verb (und ohne «ne») gebraucht werden.

Tu viens?	Pas maintenant.	*Nicht jetzt/Jetzt nicht.*
Tu t'ennuies?	Vraiment pas. Certainement pas. Sûrement pas.	*Wirklich nicht.* *Gewiss nicht.* *Sicher(lich) nicht.*
Tu es content?	Pas tellement. Pas tout à fait. Pas du tout.	*Nicht besonders.* *Nicht ganz.* *Überhaupt nicht.*
Qui a vu René? Et toi?	Moi pas./Pas moi. Moi non plus.	*Ich nicht.* *Ich auch nicht.*
Tu peux m'aider?	Plus ce soir.	*Nicht mehr heute Abend.*
Tu voudrais être une star?	Jamais (de la vie)! En aucun cas!	*Nie (im Leben)!* *Auf keinen Fall!*
Tu as des amis à Paris? Tu sais où Lise habite?	Aucun./Pas un seul. Aucune idée.	*Keinen einzigen.* *Keine Ahnung.*
Quoi de neuf?	Rien. Rien du tout.	*Nichts.* *Gar nichts./Überhaupt nichts.*
Qu'est-ce qui nous reste?	Plus rien.	*Nichts mehr.*
Quelqu'un est venu?	Personne.	*Niemand.*
Il y a encore quelqu'un au bureau?	Plus personne.	*Niemand mehr.*
Tu retourneras là-bas?	Plus jamais.	*Nie wieder.*
Où vas-tu en vacances?	Nulle part.	*Nirgends.*
Tu as faim? Tu as soif?	Ni l'un ni l'autre.	*Weder noch.*
Tu n'as plus soif?	Plus du tout.	*Überhaupt nicht mehr.*

Die Einschränkung / La restriction

1 Die Einschränkung

Ü. 81–82

Im Deutschen wird eine Einschränkung mit «nur» ausgedrückt.
Im Französischen hat dieses «nur» drei verschiedene Entsprechungen.

• ***«nur»* = seulement**	Es wird vor allem <u>ohne Verb</u> verwendet.
As-tu vu tous les musées de Paris? Non, **seulement** quelques-uns.	*Ich habe zwar Museen gesehen, aber nicht alle, <u>nur einige</u>.*

• ***«nur»* = ne … que**	**«Ne»** steht immer direkt vor dem <u>Verb</u>; **«que»** vor dem einzuschränkenden Begriff, unter Umständen durch mehrere Wörter von «ne» getrennt.
Marc **ne** travaille **que** 30 heures par semaine. Yves **ne** voit ses parents **que** tous les 3 mois.	*… <u>nur</u> 30 Stunden pro Woche* *… <u>nur</u> alle 3 Monate*

• ***«nur»* = seul**	**«seul»** bezieht sich immer auf das Subjekt. Ein Subjekt kann weder durch «seulement» noch durch «ne … que» eingeschränkt werden, sondern nur durch das Adjektiv **«seul»**
Seul un miracle pourrait nous sauver. **Seule** la mort peut nous séparer.	*<u>Nur</u> ein Wunder könnte uns retten.* *<u>Nur</u> der Tod kann uns trennen.*

Beachte:

Ne … que wird am häufigsten verwendet.
Gelegentlich entspricht es auch dem Deutschen ***«erst»:***

Je **ne** le verrai **que** ce soir.	*… <u>erst</u> heute Abend.*

Es kann mit der Negation «ne … plus» kombiniert werden: **ne … plus que** = *nur noch*

On **ne** se voit **plus que** le dimanche.	*… <u>nur noch</u> am Sonntag*

In Äusserungen ohne Verb wird «ne … que» zu **que** verkürzt und «ne … plus que» zu **plus que**

Que le soir. **Plus que** 3 jours!	*<u>Nur</u> am Abend.* *<u>Nur</u> noch 3 Tage!*

Die Hervorhebung / La mise en relief

1 Die Hervorhebung Ü. 83

Im Deutschen kann man jedes Wort eines Satzes durch besonders starke Betonung hervorheben.
Das Französische braucht dazu ein anderes Mittel. Das besonders wichtige Element dieses Satzes wird mit «C'est … qui» respektive «C'est … que» eingerahmt und an den Satzanfang gestellt. So hebt es sich vom Satzanfang ab wie das Relief eines Künstlers von der Wand.

Mon ami	a trouvé	un collier	dans la rue,	hier matin.

C'est	mon ami	qui		a trouvé	un collier	dans la rue,	hier matin
C'est	un collier	que	mon ami	a trouvé		dans la rue,	hier matin
C'est	dans la rue	que	mon ami	a trouvé	un collier		hier matin
C'est	hier matin	que	mon ami	a trouvé	un collier	dans la rue,	

C'est	**mon ami**	qui...	*bedeutet:* **«mon ami» et pas** «mon frère» ou «ma soeur» ou …
C'est	**un collier**	que...	*bedeutet:* **«un collier» et pas** «une broche» ou «une montre» ou …
C'est	**dans la rue**	que...	*bedeutet:* **«dans la rue» et pas** «dans une maison» ou «dans l'herbe»
C'est	**hier matin**	que...	*bedeutet:* **«hier matin» et pas** «aujourd'hui» ou «avant-hier» ou …

C'est	…	qui…	dient zur Hervorhebung des **Subjekts.**
C'est	…	que…	dient zur Hervorhebung der **übrigen Satzteile.**

Ist das Subjekt «moi» oder «nous» (1. Person) respektive «toi» oder «vous» (2. Person), steht das Verb in derselben Person:

C'est **moi** qui **ai** raison.	C'est **nous** qui **avons** raison.
C'est **toi** qui **as** raion.	C'est **vous** qui **avez** raison.

Das Verb und sein Complément

1 Was ist ein Complément du verbe? Ü. 84

Verben mit und ohne Complément

Le chat dort.

Das ist ein sinnvoller, vollständiger Satz. Er besteht aus einem Subjekt *(le chat)* und einem Verb *(dort).*

Le chat attrape .

Auch dieser Satz hat ein Subjekt und ein Verb, aber er ergibt dennoch keinen Sinn: er ist nicht vollständig.
Man fragt: *Qu'est-ce qu'il attrape, le chat?*
Das Verb *attraper* verlangt eine Ergänzung: ein Complément.

Le chat attrape une souris .

Une souris ist Complément des Verbs *attraper*.

Die drei verschiedenen Compléments du verbe

Denise écrit.
Claude rêve.
Paul téléphone.

Diese drei Sätze sind vollständig.
Die Verben *écrire*, *rêver* und *téléphoner* brauchen nicht unbedingt eine Ergänzung, aber sie können eine haben:

Denise écrit.......... **une lettre.**
Claude rêve... **de son 1er match.**
Paul téléphone.. **à son amie.**

écrire une lettre	rêver d' un match	téléphoner à son amie
Das Complément schliesst direkt ans ... Verb an.	*Das Complément schliesst nicht direkt ans Verb an. Zwischen Verb und Complément ... steht «de»*	*... steht« à»*
Complément direct	**Complément indirect mit «de»**	**Complément indirect mit «à»**

Beachte:

Das Complément du verbe ist entweder

eine **Person** (qn) oder	chercher qn	s'occuper de qn	penser à qn
eine **Sache** (qch)	chercher qch	s'occuper de qch	penser à qch

Das Complément kann auch sehr lang sein:

La photo montre un homme .
un jeune homme .
un jeune homme très sympathique .
un jeune homme très très sympathique d'environ 33 ans .

Je rêve .... d' une petite maison .
d' une petite maison pas trop chère .
d' une petite maison pas trop chère au bord d'un lac .

Verben mit zwei Compléments

Manche Verben können im selben Satz zwei Compléments haben:
Das erste ist immer ein Compl. direct, das zweite ein Compl. indirect (mit «de» oder mit «à»).

Il faut dispenser ... *Qui?* (*wen?*) Jean-Pierre *De quoi?* des cours de gymnastique .

Il faut dispenser Jean-Pierre des cours de gymnastique.

Claude a raconté... *Quoi?* une histoire *A qui?* (*wem?*) à ses frères et soeurs .

Claude a raconté une histoire à ses frères et soeurs .

Diese Reihenfolge kann geändert werden, wenn das Complément direct länger ist als das Complément indirect:
Alex a envoyé à Nadja un énorme bouquet de fleurs bleues, blanches et rouges.

Das Complément du verbe kann auch ein Personalpronomen sein

Ü. 86–87

Das Complément ist ein **Nomen**			Das Complément ist ein **Personalpronomen** oder **en/y**
Compl. direct	terminer	son travail	le terminer
	terminer	sa lettre	la terminer
	terminer	ses devoirs	les terminer
Compl. indirect mit «de»	se plaindre	du bruit	s'en plaindre
	se plaindre	de la circulation	
	se plaindre	des contrôles radar	
Compl. indirect mit «à»	a) ressembler	à son père	lui ressembler ***(Person: à qui?)***
		à sa mère	
		à ses parents	leur ressembler
	b) renoncer	à son plaisir	y renoncer ***(Sache: à quoi?)***
		à une fête	
		à ses vacances	

2 Wo liegen die Lernprobleme beim Complément du verbe?

Drei Beispiele:

Eve épouse son ami. complément direct	*Eva heiratet ihren Freund.* *Akkusativobjekt (wen?)*
Luc jouit d'\une bonne santé. compl. indirect mit «de»	*Luc erfreut sich guter Gesundheit.* *Genitivobjekt (wessen?)*
Tu ressembles à/ta mère. compl. indirect mit «à»	*Du gleichst deiner Mutter.* *Dativobjekt (wem?)*

Sehr viele Verben bieten überhaupt keine Schwierigkeiten für Deutschsprachige, weil sie im Französischen und im Deutschen gleich «konstruiert» sind.
Das Kapitel «Complément du verbe» gilt dennoch als schwierig, weil eine ganze Reihe von häufig gebrauchten Verben in den beiden Sprachen nicht dieselbe Konstruktion haben.

Drei Beispiele, in denen das Complément ein Nomen ist:

Suivez ce chemin	*heisst im Deutschen nicht:*	Folgt diesen Weg.	
	sondern:	Folgt diese**m** Weg.	*(wem? = Dativobjekt)*
Il remercie l'infirmière	*heisst im Deutschen nicht:*	Er dankt die Schwester.	
	sondern:	Er dankt **der** Schwester.	*(wem? = Dativobjekt)*
Demande à/ton père	*heisst im Deutschen nicht:*	Frage deinem Vater.	
	sondern:	Frage deine**n** Vater.	*(wen? = Akkusativobjekt)*

Drei Beispiele, in denen das Complément du verbe ein Pronomen ist:

Elle le flatte	*heisst im Deutschen nicht:*	Sie schmeichelt ihn.	
	sondern:	Sie schmeichelt ih**m**.	*(Dativobjekt)*
Ne/leur mens pas	*heisst im Deutschen nicht:*	Lüge ihnen nicht an.	
	sondern:	Lüge **sie** nicht an.	*(Akkusativobjekt)*
Je m'/en souviens	*heisst im Deutschen nicht:*	Ich erinnere mich davon.	
	sondern:	Ich erinnere mich **daran**.	*(Objekt mit «an»)*

Solche Nicht-Übereinstimmungen sind eine ständige Fehlerquelle.
Deshalb muss man sich jedes einzelne dieser Verben besonders sorgfältig einprägen.

Einige französische Verben haben im Deutschen zwei verschiedene Entsprechungen, die eine mit nicht übereinstimmender, die andere mit übereinstimmender Konstruktion.

rencontrer qn	**jdm** begegnen	**Nichtübereinstimmung**
rencontrer qn	jdn antreffen	Übereinstimmung

Verben mit 1 Complément

Nicht-Übereinstimmung von französischer und deutscher Konstruktion ist durch **Fettdruck** hervorgehoben.

Compl. direct

aider	**qn**	**jdm** helfen
apercevoir	qn/qch	jdn/etw. erblicken
appeler	qn	jdn rufen
applaudir	**qn**	**jdm** Beifall spenden
atteindre	qn/qch	jdn/etw. erreichen
attendre	**qn/qch**	**auf jdn/etw.** warten
	qn/qch	jdn/etw. erwarten
blesser	qn	jdn verletzen
confondre	qn/qch	jdn/etw. verwechseln
contredire	**qn**	**jdm** widersprechen
craindre	**qn/qch**	sich **vor jdm/etw.** fürchten
	qn/ch	jdn fürchten/etw. befürchten
détruire	qch	etw. zerstören
écouter	**qn**	**jdm** zuhören/**auf jdn** hören
	qn/qch	jdn/etw. anhören
emmener	qn/qch	jdn/etw. mitnehmen
éteindre	qch	etw. (aus)löschen
éviter	**qn/qch**	**jdm/einer Sache** aus dem Weg gehen
	qn/qch	jdn/etw. meiden/vermeiden
exiger	qch	etw. fordern/verlangen
féliciter	**qn**	**jdm** gratulieren
	qn	jdn beglückwünschen
flatter	**qn**	**jdm** schmeicheln
fuir	**qn/qch**	**vor jdm/etw.** fliehen
		jdm/einer Sache ausweichen
interrompre	qn/qch	jdn/etw. unterbrechen
louer	qch	etw. mieten
louer	qn/qch	jdn/etw. loben
menacer	**qn**	**jdm** drohen
	qn	jdn bedrohen
protéger	qn/qch	jdn/etw. (be)schützen
se rappeler	**qch**	sich **an etw.** erinnern
remercier	**qn**	**jdm** danken
rencontrer	**qn**	**jdm** begegnen
	qn	jdn antreffen
signer	qch	etw. unterschreiben
suivre	**qn/qch**	**jdm/einer** Sache folgen
	qch	etw. befolgen
surprendre	qn	jdn überraschen
terminer	qch	etw. beenden/abschliessen
tolérer	qch	etw. dulden
utiliser	qch	etw. benützen

und noch viele andere Verben mit übereinstimmender Konstruktion

Compl. indirect mit «de»

s'agir	**de qn/qch**	**s. um jdn/etw.** handeln
s'approcher	**de qn/qch**	s. **jdm/einer Sache** nähern
avoir besoin	**de qn/qch**	**jdn/etw.** nötig haben
avoir envie	**de qch**	**auf/nach etw.** Lust haben
se contenter	**de qch**	sich **mit etw.** begnügen
dépendre	de qn/qch	von jdm/etw. abhängen
se débarrasser	**de qn/qch**	**jdn** loswerden
		etw. ablegen (Kleider)
douter	**de qn/qch**	**an jdm/etw.** zweifeln
s'étonner	**de qch**	sich **über etwas** wundern
jouir	**de qch**	**etw.** geniessen
se méfier	**de qn/qch**	**jdm/einer Sache** misstrauen
		s. **vor jdm/etw.** in Acht nehmen
se moquer	**de qn/qch**	s. **über jdn/etw.** lustig machen
mourir	**de qch**	**an etw.** sterben
s'occuper	**de qn/qch**	sich **um jdn/etw.** kümmern
se passer	**de qch**	**ohne etw.** auskommen
		etw. entbehren können
se plaindre	**de qn/qch**	sich **über jdn/etw.** beklagen
profiter	**de qch**	**etw.** nutzen/ausnützen
se réjouir	**de qch**	sich **über etw.** freuen
se rendre compte	**de qch**	s. **über etw.** klar werden/sein
rêver	de qn/qch	von jdm/etw. träumen
se servir	**de qch**	**etw.** benützen, verwenden
souffrir	**de qch**	**an/unter etw.** leiden
se souvenir	**de qn/qch**	sich **an jdn/etw.** erinnern

Compl. indirect mit «à»

s'abonner	**à qch**	**etw.** abonnieren
s'adresser	à qn	sich an jdn wenden
appartenir	à qn	jdm gehören
être	à qn	jdm gehören
consentir	**à qch**	**in etw.** einwilligen
faire confiance	à qn	jdm vertrauen
s'habituer	à qch	sich an etw. gewöhnen
s'intéresser	**à qn/qch**	sich **für jdn/etw.** interessieren
mentir	**à qn**	**jdn anlügen**
nuire	à qn	jdm schaden
prendre part	à qch	an etw. teilnehmen
réagir	à qch	auf etw. reagieren
réfléchir	**à qch**	**über etw.** nachdenken
rendre visite	**à qn**	**jdn** besuchen
renoncer	à qch	auf etw. verzichten
répondre	à qn	jdm antworten
	à qch	**auf etw.** antworten
résister	à qn/qch	jdm/einer Sache widerstehen

Verben mit 2 Compléments

Das erste der beiden Compléments ist immer ein Complément direct.

Compl. indirect mit «de»

avertir	**qn de qch**	***jdm/etw.*** *melden/mitteilen* *jdn von/über etw. in Kenntnis setzen/benachrichtigen/verständigen*
informer	qn **de qch**	***jdn von/über etw.*** *informieren* *jdn von/über etw. in Kenntnis setzen/benachrichtigen/verständigen*
prévenir	qn de qch	*jdn von etw. (zuvor) in Kenntnis setzen*
charger	qn/qch **de qch**	*jdn/etw.* ***mit etw.*** *belasten/beladen* *jdn* ***mit etwas*** *beauftragen/betrauen*
(re)couvrir	qn/qch **de qch**	*jdn/etw.* ***mit etw.*** *zudecken/bedecken*
dispenser	qn de qch	*jdn von etw. dispensieren*
féliciter	**qn de qch**	***jdm zu etw.*** *gratulieren/jdn* ***zu etw.*** *beglückwünschen*
guérir	qn de qch	*jdn von etw. heilen*
remercier	**qn de qch**	***jdm für etw.*** *danken/sich* ***bei jdm für etw.*** *bedanken*
sauver	qn **de qch**	*jdn* ***vor etw.*** *retten*

Compl. indirect mit «à»

annoncer	qch à qn	*jdm etw. melden/ankündigen*
apprendre	qch à qn	*jdm etw. mitteilen/beibringen/****jdn*** *etwas lehren*
confier	qch à qn	*jdm etw. anvertrauen*
défendre	qch à qn	*jdm etw. verbieten*
devoir	qch à qn	*jdm etw. schulden/verdanken*
donner	qch à qn	*jdm etw. geben/schenken*
écrire	qch à qn	*jdm etw. schreiben*
enlever	qch à qn	*jdm etw. wegnehmen*
enseigner	qch **à qn**	***jdn*** *etw. lehren/jdm etwas beibringen*
envoyer	qch à qn	*jdm etw. schicken*
interdire	qch à qn	*jdm etw. untersagen/verbieten*
montrer	qch à qn	*jdm etw. zeigen*
offrir	qch à qn	*jdm etw. anbieten/schenken*
pardonner	qch à qn	*jdm etw. verzeihen*
permettre	qch à qn	*jdm etw. erlauben*
présenter	qn à qn	*jdn jdm vorstellen*
prêter	qch à qn	*jdm etw. leihen*
promettre	qch à qn	*jdm etw. versprechen*
proposer	qch à qn	*jdm etw. vorschlagen*
raconter	qch à qn	*jdm etw. erzählen*
recommander	qch à qn	*jdm etw. empfehlen*
rendre	qch à qn	*jdm etw. zurückgeben*
reprocher	qch à qn	*jdm etw. vorwerfen*
souhaiter	qch à qn	*jdm etw. wünschen*
tendre	qch à qn	*jdm etw. hinstrecken/reichen*

4 Verben mit mehreren Bedeutungen und mehreren Konstruktionen Ü. 89–91

4.1 demander = 1 Konstruktion im Französischen, 3 Konstruktionen im Deutschen

Dieses Verb ist für Deutschsprachige schwierig,
- weil es im Deutschen dafür 3 verschiedene Verben gibt:
- weil jedes dieser deutschen Verben eine andere Konstruktion hat.

demander	=	*fragen*
	=	*bitten*
	=	*verlangen*

demander qch à qn	*jeman**den (nach)** etwas fragen*
	*jeman**den um** etwas bitten*
	*von jemand**em etwas** verlangen*

Um «demander» richtig zu verwenden, muss man zwei Fragen stellen:

Was will die Person, die fragt, bittet, verlangt?		**An wen richtet sie sich?**
Elle veut		
avoir des garanties:	Elle demande des garanties.	Elle demande des garanties au/vendeur.
recevoir une réponse:	Elle demande une réponse.	Elle demande une réponse à/son amie.
connaître le chemin:	Elle demande le chemin.	Elle demande le chemin à/un passant.

demander qch .... à/qn
das, was man will — *die Person, an die man sich wendet*

Beachte:

demander pardon à/qn	*jdn um Verzeihung bitten*
demander conseil à/qn	*jdn um Rat fragen*
demander l'heure à/qn	*jdn nach der (Uhr)zeit fragen (= fragen, wieviel Uhr es ist)*

Manchmal ist das, was man will, nicht eine Sache, sondern eine Person: In diesem Fall ist die verlangte Person ebenfalls Complément direct:

Un monsieur a téléphoné. Il a demandé Papa.	*Er hat Papa verlangt (= Papa sprechen wollen).*
Gaston a demandé Juliette en mariage.	*Gaston hat um Juliettes Hand angehalten.*

4.2 changer *und* se changer

1

Eve a changé d'\avis.	*Eva hat ihre Meinung/Ansicht geändert. (Sie hat eine andere Ansicht als bisher.)*
Elle veut changer de\métier.	*Sie will den Beruf wechseln/umsatteln (einen andern Beruf ergreifen).*
Luc doit changer de\train.	*... umsteigen/den Zug wechseln*

changer de\qch
- *etwas wechseln/ändern (durch einen andern/eine andere/ein anderes ersetzen).*

2

Peut-on changer le monde ?	*Kann man die Welt (ver)ändern?*
Cette phrase est bonne. Ne la change pas.	*… Ändere ihn nicht (diesen Satz).*
A la frontière, Yves a changé 200 francs.	*… hat Yves 200 Franken gewechselt.*
changer qch	• *etwas verändern/abändern/umändern (machen, dass es anders wird)* • *(Geld) wechseln*

3

Le temps peut changer brusquement.	*… kann sich plötzlich ändern?*
Je n'ai presque pas reconnu Gaby. Elle a tellement changé.	*Sie hat sich so verändert.*
Ça ne peut pas continuer comme ça. Il faut que ça change.	*Das muss sich ändern/Das muss anders werden.*
changer __ *(ohne Complément)*	• ***sich*** *(ver)ändern/anders werden.*

4

Je ne peux pas aller à l'opéra avec ces habits. Je dois absolument **me** changer.	*Ich muss mich unbedingt umziehen.*
se changer	• ***sich*** *umziehen*

4.3 croire

1

Ne crois pas ces gens. Ils mentent. Ne les crois pas.	*Glaube diesen Leuten nicht.* *Sie lügen. Glaube ihnen nicht!*
Ne crois pas cette histoire. Ne la crois pas.	*Glaube (ihnen) diese Geschichte nicht!* *Glaube sie (ihnen) nicht!*
croire qn	• *jdm glauben (= glauben, dass er die Wahrheit spricht)*
croire qch	• *etwas glauben (= für wahr halten)*

Beachte:

«Croire» *hat nie 2 compléments.*

«Je le crois» *kann drei verschiedene Bedeutungen haben:*
entweder: Ich glaube ihm.
oder: Ich glaube es.
oder: Ich glaube es ihm.

2	Elle croit à/la vie éternelle.	*Sie glaubt an ein ewiges Leben.*
	Croyez-vous aux/fantômes?	*Glauben Sie an Gespenster?*
	au/diable?	*... an den Teufel?*
	croire à/qch	• *an etwas glauben (= glauben, dass es das gibt)*

Aber: croire **en** Dieu • *an Gott glauben*

4.4 parler

1	Un diplomate doit savoir parler plusieurs langues.	*... muss mehrere Sprachen sprechen können.*
	Il faut traduire: ils ne parlent pas (le) français.	*... sie sprechen nicht Französisch.*
	parler qch	• *etwas (= eine Sprache) sprechen*

2	Tiens, te voilà. On vient de parler de\toi.	*Wir haben eben von dir gesprochen.*
	de\ton accident.	*.................... von deinem Unfall gesprochen.*
	Elle aime parler de\ses vacances.	*Sie erzählt gerne von ihren Ferien.*
	parler de\qn de\qch	• *von/über jdn reden/sprechen* *von/über etwas reden/sprechen*
	parler de\qch	• *von etwas erzählen**

* raconter de qch *gibt es im Französischen nicht!*

3	Ça existe, des professeurs qui ne savent pas parler aux/jeunes?	*... die nicht wissen, wie man mit Jugendlichen spricht?*
	Est-ce que je peux parler au/directeur?	*Kann ich den Direktor sprechen (eine Unterredung mit ihm haben)?*
	parler à/qn	• *zu jdm sprechen* *mit jdm sprechen/reden* *jdn sprechen (mit jdm eine Unterredung haben)*

Aber: parler avec qn • *sich mit jdm unterhalten*

4.5 servir *und* se servir

1

Dis au garçon de servir le café.	*… er solle den Kaffee servieren.*
Un vendeur ne peut pas servir 2 clients à la fois.	*… 2 Kunden auf einmal bedienen*

servir qch	• *etwas servieren/auftragen*
servir qn	• *jdn bedienen*

servir Dieu et sa patrie • *Gott und seiner Heimat dienen (= im Dienste von … stehen)*

2

Un parapluie peut aussi servir de parasol.	*Ein Regenschirm kann auch als Sonnenschirm dienen.*
Cette ancienne usine sert de dancing aux jeunes.	*… dient den Jungen als Dancing.*

servir de qch	• *als etwas dienen/benützt werden*
servir de qch à qn	• *jdm als etwas dienen*

3

In einzelnen Wendungen steht auch «servir à»:

- Les déchets *(Abfälle)*, ça ne sert à rien .	*… sind zu nichts nütze/sind wertlos.*
- Si, ça sert à quelque chose.	*… sie dienen zu etwas.*
- Ça sert à quoi?	*Wozu dienen sie denn?*
- Ça sert à chauffer les maisons.	*Sie dienen zum Heizen.*

servir à qch	• *zu etwas nütze sein/dienen.*

4

Pour lire, mon grand-père **se** sert d'une loupe.	*… bedient sich einer Lupe.*
Vous pouvez **vous** servir du dictionnaire.	*… das Wörterbuch benützen/brauchen.*

se servir de qch	• *etwas benützen/brauchen/sich einer Sache bedienen*

4.6 jouer

1

Il veut jouer un rôle important.	*... eine wichtige Rolle spielen*
On va jouer une comédie de Molière.	*... spielen/aufführen*

jouer qch • *etwas spielen/vorspielen/aufführen*

2

Les enfants jouaient à/cache-cache.	*... spielten «Versteckis«*
aux indiens.	*...............«Indianerlis»*
Savez-vous jouer au/tennis?	*Können Sie Tennis spielen?*
au/hockey?	*Hockey spielen?*

jouer à/qch • *etwas (=Spiel/Sport) spielen*

3

Il joue de\plusieurs instruments.	*Er spielt mehrere Instrumente*
du\violon de\la flûte.	*........... Violine/Flöte*

jouer de\qch • *etwas (= ein Instrument) spielen*

Récapitulation

Ü. 92

5 Die 4 Formen und Stellungen des Complément du verbe

Ü. 93–94

In den bisherigen Beispielen ist das Complément du verbe immer ein **Nomen** oder ein **Personalpronomen.** Die folgende Tabelle zeigt, dass es in 4 verschiedenen Formen auftreten kann, nämlich:

- als **Nomen**
- als **Personalpronomen** (Pronom personnel) **oder y/en**
- als **Relativpronomen** (Pronom relatif)
- als **Fragepronomen** (Pronom interrogatif)

Je nachdem, welche Form das Complément du verbe annimmt, wechselt es seine Stellung im Satz.

Complément direct

	Fragepronomen	Relativpronomen	Subjekt	Personalpronomen + y/en	Verb	Nomen	
Nomen			Luc		raconte	son aventure	à son amie.
Personalpronomen			Luc	la	raconte		à son amie.
Relativpronomen		L'aventure que	Luc		raconte		à son amie.
Fragepronomen	Qu'est-ce que		Luc		raconte		à son amie?

Complément indirect mit «de»

	Fragepronomen	Relativpronomen	Subjekt	Personalpronomen + y/en	Verb	Nomen
Nomen			Luc		parle souvent	de cette aventure.
Personalpronomen, y/en			Luc	en	parle souvent.	
Relativpronomen		C'est une aventure dont	Luc		parle souvent.	
Fragepronomen	De quoi est-ce que		Luc		parle si souvent?	

Complément indirect mit «à»

		Fragepronomen	Relativpronomen	Subjekt	Personalpronomen + y/en	Verb	Nomen
Person	Nomen			Luc		raconte son aventure	à son amie.
Person	Personalpronomen			Luc	lui	raconte son aventure.	
Person	Relativpronomen		L'amie à qui	Luc		raconte son aventure.	
Person	Fragepronomen	A qui est-ce que		Luc		raconte son aventure?	
Sache	Nomen			Luc		pense avec plaisir	à son aventure.
Sache	Personalpronomen, y/en			Luc	y	pense avec plaisir.	
Sache	Relativpronomen		L'aventure à laquelle	Luc		pense avec plaisir.	
Sache	Fragepronomen	A quoi est-ce que		Luc		pense avec plaisir?	

Fragepronomen	Relativpronomen	Subjekt	Personalpronomen + y/en	Verb	Nomen
vor dem Subjekt	**vor dem Subjekt**		**vor dem Verb**		**hinter dem Verb**

Der Infinitiv als Ergänzung

1 Infinitif présent – oder Infinitif passé? Ü. 95

Der **Infinitif présent** ist die am häufigsten vorkommende Infinitiv-Form.	Der **Infinitif passé** (avoir/être + participe passé) wird seltener verwendet. Er bezeichnet eine bereits **vergangene** Handlung.
Eric décide - de quitter Paris. - d' aller dans le Midi. - de s'installer en Provence.	Il ne regrettera pas - d' avoir quitté Paris. - d' être allé dans le Midi. - de s'être installé en Provence.

Zur Wahl des richtigen Hilfsverbs → **52–53**

2 Der Infinitiv als Ergänzung des Verbs Ü. 96–98

Wer das vorangehende Kapitel (Das Verb und sein Complément) studiert hat, weiss
– dass viele Verben mit einer bestimmten Ergänzung, einem Complément, verbunden werden,
– dass dieses Complément ein Nomen sein kann oder auch ein Personal-, Relativ- oder Interrogativpronomen.

Neu im vorliegenden Kapitel ist, dass auch ein **Infinitiv** die Rolle eines Compléments übernehmen kann.

Max déteste la grammaire. Il déteste **faire** de la grammaire.	Il préfère la lecture. Il préfère **lire**.
«*faire*» ist wie «*la grammaire*» Complément direct von «*détester*»	«*lire*« ist wie «*la lecture*» Complément direct *von «préférer».*

D>F 2.1 Ein Problem für Deutschsprachige

Dass der richtige Gebrauch der Infinitiv-Ergänzungen für Deutschsprachige sehr heikel ist, zeigt die folgende deutsch-französische Gegenüberstellung.

Es macht mir Spass, mit dir **zu** diskutieren. Aber es gelingt mir nicht immer, dich **zu** verstehen. Versuche langsamer **zu** sprechen.	J'adore_discuter avec toi. Mais, je n'arrive pas toujours **à** te comprendre. Essaie **de** parler plus lentement.
Im Deutschen steht vor dem Infinitiv in allen 3 Beispielen die Präposition **zu.**	Im Französichen steht vor dem Infinitiv – entweder **keine** Präposition (Null-Infinitiv) – die Präposition **de** – oder die Präposition **à.**

Welche der drei Möglichkeiten im Französischen jeweils zu wählen ist, hängt vom vorangehenden Verb ab.

Es gibt Verben, hinter denen immer ein **de-Infinitiv** steht.
Es gibt Verben, hinter denen immer ein **à-Infinitiv** steht.
Es gibt Verben, hinter denen immer ein **Ø-Infinitiv** steht (Null-Infinitiv).

Wie kann man wissen, zu welcher der 3 Gruppen ein Verb gehört?

- Eine Regel, die auf alle Verben zutrifft, gibt es leider nicht.
- Auf sein Sprachgefühl kann man sich anfangs nicht verlassen. Erst nach längerer Sprachpraxis sagt einem das Gehör, ob ein Verb einen **de-, à-** oder **Ø-Infinitiv** verlangt.
- Nur viel Geduld und Gedächtnisarbeit führt zur sichern Beherrschung des Infinitivanschlusses.

2.2 Eine Teilregel

Sie betrifft die mit einem Complément indirect konstruierten Verben.

Verben, auf die ein Compl. indirect mit **de** folgt, verlangen auch einen **de**-Infinitiv.

Il rêve **d'** une grande carrière.
Il rêve **de** faire carrière.

Elle s'excuse **de** son retard.
Elle s'excuse **d'** être en retard.

Je me souviens **de** cette histoire.
Je me souviens **d'** avoir lu cette histoire.

Je te félicite **de** ta victoire.
Je te félicite **d'** avoir gagné..

Je te remercie **de** ton aide.
Je te remercie **de** m'avoir aidé.

Elle se réjouit **des** vacances.
Elle se réjouit **de** partir en vacances.

Il a envie **d'** un bon repas.
Il a envie **de** bien manger.

Nous avons besoin **de** nourriture.
Nous avons besoin **de** manger.

Elle a peur **de** la grippe.
Elle a peur **d'** attraper la grippe.

Il se plaint **de** sa solitude.
Il se plaint **d'** être seul.

Elle souffre **de** sa faiblesse.
Elle souffre **d'** être si faible.

Verben, auf die ein Compl. indirect mit **à** folgt, verlangen einen **à**-Infinitiv.

Il se met **au** travail.
Il se met **à** travailler.

Tu t'habitueras **à** la circulation de Paris.
Tu t'habitueras **à** circuler à Paris.

Elle renonce **à** son voyage.
Elle renonce **à** partir en voyage.

Il m'a invité **à** une tasse de café.
Il m'a invité **à** prendre une tasse de café.

Hinweis:
Schnelle Auskunft über den richtigen **Infinitivanschluss** gibt das Register.

2.3 Lern- und Nachschlageliste

Sie enthält, nach «de-», «à-» und «Ø-Infinitiven» geordnet, die wichtigsten Verben mit Infinitivergänzung.

Da die Verben mit **de-Infinitiv** weitaus am zahlreichsten sind, ist es ratsam, sich diejenigen mit **à-** und **Ø-Infinitiv** zuerst und besonders sorgfältig einzuprägen.

Verben mit de-Infinitiv

Ü. 96–98

Il s'**agit de** gagner du temps.	*Es geht darum, Zeit zu gewinnen.*
On l'**accuse d'**avoir tué son ami.	*Man klagt ihn an, seinen Freund ermordet zu haben.*
Arrête de te plaindre.	*Hör auf, dich zu beklagen.*
Avoir:	
Tu n'**as** pas **besoin d'**attendre.	*Du brauchst nicht zu warten. (= es ist nicht nötig)*
Je n'**ai** pas **envie de** me promener.	*Ich habe keine Lust, spazieren zu gehen.*
N'**as**-tu pas **honte de** me mentir.	*Schämst du dich nicht, mich anzulügen.*
J'ai horreur de me lever si tôt.	*Ich finde es schrecklich, so früh aufzustehen.*
Il **a peur de** traverser la rue.	*Er hat Angst davor, über die Strasse zu gehen.*
Tu **as raison/tort de** protester.	*Du hast Recht/nicht Recht, wenn du protestierst.*
On m'a **chargé de** vous appeler.	*Man hat mich beauftragt, euch anzurufen.*
Je te **conseille de** rentrer.	*Ich rate dir heimzugehen.*
Je **crains de** le déranger.	*Ich fürchte, ihn zu stören.*
J'ai **décidé de** partir.	*Ich habe beschlossen fortzugehen.*
Le médecin lui **défend de** fumer.	*Der Arzt verbietet ihm zu rauchen.*
Je vous **demande de** m'aider.	*Ich bitte Sie, mir zu helfen.*
Dépêche-toi **de** venir.	*Komm so rasch wie möglich.*
Dis-lui **d'**attendre.	*Sag ihm, er solle warten.*
Ecris-lui **de** nous appeler.	*Schreib ihm/ihr, er/sie solle uns anrufen.*
Qui t'**empêche de** partir?	*Wer hindert dich daran fortzugehen?*
Essaie de me comprendre.	*Versuche, mich zu verstehen.*
Je m'**étonne de** te voir ici.	*Ich wundere mich, dich hier zu sehen.*
Excusez-moi **de** vous déranger.	*Verzeihen Sie, dass ich Sie störe.*
J'**évite de** lui parler.	*Ich vermeide es, mit ihm zu sprechen.*
Il **fait semblant de** dormir.	*Er tut so, als ob er schliefe.*
As-tu **fini de** manger?	*Bist du fertig mit Essen?*
Je te **félicite d'**avoir gagné.	*Ich gratuliere dir, dass du gewonnen hast.*
Je t'**interdis de** lire mes lettres.	*Ich verbiete dir, meine Briefe zu lesen.*
Elle m'a **offert de** m'aider.	*Sie hat mir angeboten, mir zu helfen.*
Je t'**ordonne de** te taire.	*Ich befehle dir zu schweigen.*
J'ai **oublié de** le leur dire.	*Ich habe vergessen, es ihnen zu sagen.*
Il **parle de** faire un voyage.	*Er spricht davon, eine Reise zu machen.*
On ne nous **permet** même pas **de** rêver.	*Man erlaubt uns nicht einmal zu träumen.*
Je te **prie de** revenir demain.	*Ich bitte dich, morgen wiederzukommen.*
Je te **promets de** ne pas recommencer.	*Ich verspreche dir, nicht wieder anzufangen.*
Il **propose d'**aller au cinéma.	*Er schlägt vor, ins Kino zu gehen.*
Je te **recommande de** faire du sport.	*Ich empfehle dir, Sport zu treiben.*
Je **refuse d'**obéir.	*Ich weigere mich zu gehorchen.*
Je **regrette de** vous avoir déçu.	*Ich bedaure, Sie enttäuscht zu haben.*
Je me **réjouis de** te revoir.	*Ich freue mich/Es freut mich, dich wiederzusehen.*
Je vous **remercie d'**être venu(e).	*Ich danke Ihnen, dass Sie gekommen sind.*
Il **rêve de** devenir célèbre.	*Er träumt davon, berühmt zu werden.*
Tu **risques d'**être mal compris.	*Du riskierst, falsch verstanden zu werden.*
Il **souffre d'**être si gros.	*Er leidet darunter, so dick zu sein.*
Je le **soupçonne d'**avoir volé mon vélo.	*Ich verdächtige ihn, mein Velo gestohlen zu haben.*
Je me **souviens de** l'avoir lu.	*Ich erinnere mich, es gelesen zu haben.*
On m'a **téléphoné de** venir.	*Man hat mir telefoniert, ich solle kommen.*
As-tu **terminé de** travailler?	*Bist du fertig mit Arbeiten?*

Verben mit à-Infinitiv

Aide-le **à** mettre son manteau.	*Hilf ihm, den Mantel anzuziehen.*
Il s'**amuse à** me faire peur.	*Es macht ihm Spass, mir Angst einzujagen.*
Ce chien doit **apprendre à** obéir.	*Dieser Hund muss gehorchen lernen.*
Il n'**arrive** pas **à** se concentrer.	*Es gelingt ihm nicht, sich zu konzentrieren.*
Je n'**ai rien à** faire.	*Ich habe nichts zu tun.*
Tu n'**as** qu'**à** le dire.	*Du brauchst es nur zu sagen (= es genügt).*
Il **commence à** pleuvoir.	*Es beginnt zu regnen. (auch mit **de**)*
Continue à lire.	*Lies weiter. (auch mit **de**)*
Il m'a **encouragé à** continuer.	*Er hat mich ermuntert weiterzumachen.*
On me **force à** répondre.	*Man zwingt mich zu antworten.*
Il doit s'**habituer à** vivre seul.	*Er muss sich daran gewöhnen, allein zu leben.*
Il n'**hésitera** pas **à** nous aider.	*Er wird nicht zögern, uns zu helfen.*
On l'a **invité à** s'asseoir.	*Man hat ihn aufgefordert, sich zu setzen.*
Le petit va **se mettre à** pleurer.	*Der Kleine fängt jetzt gleich an zu weinen.*
Il **passe son temps à** bricoler.	*Er verbringt seine Zeit mit Basteln.*
Il a **renoncé à** faire carrière.	*Er hat darauf verzichtet, Karriere zu machen.*
J'ai **réussi à** le consoler	*Es ist mir gelungen, ihn zu trösten.*
Cette brosse **sert à** nettoyer les souliers.	*Diese Bürste dient zum Schuheputzen.*

Verben mit Ø-Infinitiv

Elle **adore**_aller se baigner.	*Sie geht furchtbar gern baden.*
Il **aime**_parler.	*Er redet gern.*
Elle **aime mieux**_se taire.	*Sie schweigt lieber.*
Il **compte**_partir en vacances.	*Er hat vor, in die Ferien zu gehen.*
Elle **croit** _avoir raison.	*Sie glaubt, Recht zu haben.*
Le directeur **désire**_ te parler.	*Der Direktor wünscht dich zu sprechen.*
Je **déteste**_être en retard.	*Ich hasse es, zu spät zu kommen.*
J'**espère**_réussir.	*Ich hoffe, Erfolg zu haben.*
Il s'**imagine**_être un génie.	*Er bildet sich ein, ein Genie zu sein.*
Elle n'**ose**_pas ouvrir la bouche.	*Sie wagt nicht, den Mund aufzumachen.*
Il **paraît**_être d'accord.	*Er scheint einverstanden zu sein.*
Je **préfère**_rester ici.	*Ich ziehe es vor, hier zu bleiben.*
Tu **sembles**_être content.	*Du scheinst zufrieden zu sein.*
Il **souhaite** _être admiré.	*Er hat den Wunsch, bewundert zu werden.*
Il **vaut/vaudrait mieux**_se taire.	*Es ist/wäre besser zu schweigen.*

D>F Beim Vergleich der deutschen und französischen Sätze zeigt sich zweierelei:

- Das Französische verwendet den Infinitiv häufiger als das Deutsche. Dieses zieht manchmal eine andere Ausdrucksweise vor (z.B. bei «aimer», «se dépêcher», «dire», «finir»).
- Das Deutsche fügt gerne Stützwörter wie «es», «darum», «davon», «daran» hinzu. Diese dürfen bei der Rückübersetzung ins Französische auf keinen Fall übernommen werden.

J'ai horreuer de me lever si tôt.	*Ich finde <u>es</u> schrecklich, so früh aufzustehen.*
Il s'agit de gagner du temps.	*Es geht <u>darum</u>, Zeit zu gewinnen.*
Il rêve de devenir célèbre.	*Er träumt <u>davon</u>, berühmt zu werden.*
Qui t'empêche de partir.	*Wer hindert dich <u>daran</u> fortzugehen.*

2.4 Eine Lernhilfe

Verben mit verwandter Bedeutung haben meistens auch denselben Infinitivanschluss.

de-Infinitiv

Beendigung
finir **de** manger
terminer **de** travailler
arrêter **de** lire

Erlaubnis, Verbot, Befehl
permettre à qn **de** partir
défendre à qn **de** fumer
interdire à qn **de** jouer
commander à qn **de** travailler
ordonner à qn **de** se taire
dire/écrire à qn **de** venir
téléphoner à qn **de** venir

Empfehlung
conseiller à qn **de** lire le journal
recommander à qn **de** faire un voyage

Versprechen, Angebot, Vorschlag
promettre à qn **de** l'aider
offrir à qn **de** l'aider
proposer à qn **de** l'accompagner

Verdächtigung, Vorwurf, Anschuldigung
soupçonner qn **d'** avoir menti
reprocher à qn **de** mentir
accuser qn **d'** avoir menti

à-Infinitiv

Anfangen, Weitermachen
se mettre **à** lire
commencer **à** lire (*auch:* **de** lire)
continuer **à** lire (*auch:* **de** lire)

Gelingen
j'arrive **à** réparer mon vélo
je réussis **à** réparer mon vélo

Ø Infinitiv

Vorliebe, Neigung; Abneigung
aimer_cuisiner *gerne kochen*
adorer_voyager *sehr gerne reisen*
préférer_rester ici
aimer mieux_rester ici } *lieber da bleiben*
il vaut/vaudrait mieux_rester ici
détester_repasser *ganz und gar nicht gerne bügeln*

Wunsch, Hoffnung
désirer_aller en France
souhaiter_connaître Paris
espérer_rencontrer des Français

Glauben, Meinen
croire_avoir raison
s'imaginer_être un génie

3 Der Infinitiv als Ergänzung eines Nomens Ü. 98 101

Auch auf ein Nomen kann ein Infinitiv folgen: Es handelt sich entweder um einen

«de-Infinitiv» oder um einen **«à-Infinitiv»**

avoir	**l'** air	**de** …	
	la chance	**de** …	
	le droit	**de** …	
	l' habitude	**de** …	
	l' impression	**de** …	
	l' occasion	**de** …	
prendre	**la** décision	**de** …	

avoir	**la** patience	**de** …
	le plaisir	**de** …
	la permission	**de** …
	la possibilité	**de** …
	le temps	**de** …

de-Infinitiv nach einem Nomen mit **bestimmtem Artikel**

avoir	**des** difficultés	**à** …
	du mal	**à** …
	de la peine	**à** …
	du plaisir	**à** …
avoir beaucoup	**de** mal	**à** …
avoir tant	**de** peine	**à** …

à-Infinitiv nach einem Nomen mit **Teilungsatikel** oder **partitivem de**

4 Der Infinitiv als Ergänzung eines Adjektivs — Ü. 98–101

In den allermeisten Fällen folgt auf ein Adjektiv ein **de-Infinitiv.**

Guy est **heureux d'** avoir gagné.
content d' avoir gagné.
surpris d' avoir gagné.
déçu d' avoir perdu.
désolé d' avoir perdu.
fâché d' avoir perdu. etc.

Nur wenige Adjektive verlangen einen **à-Infinitiv.** Bloss zwei davon werden häufig verwendet.

Guy est **prêt à** partir.
habitué à attendre.

Adjektive mit «de» oder «à»

Nach folgenden Adjektiven steht «de» oder «à»:

de, wenn das Subjekt ein unpers. **il** oder **ce** ist (= es). *Dies ist häufig der Fall.*			**à**, wenn eine Person oder Sache **Subjekt** ist. *Dies ist selten der Fall.*
Il est / C'est	**facile d'**	apprendre ce jeu.	Tu aimerais apprendre ce jeu? Il *(= le jeu)* est **facile à** apprendre.
Il est / C'est	**difficile de**	consoler cet enfant.	Qui pourra consoler cet enfant? Il *(= cet enfant)* est **difficile à** consoler.
Il est / C'est	**amusant de**	voir ce spectacle.	La troupe a donné un spectacle. Il *(= ce spectacle)* était **amusant à** voir.
Il est / C'est	**utile de**	savoir cette règle.	J'essaierai de retenir cette règle. Elle *(= cette règle)* est **utile à** savoir.
Il est / C'est	**triste de**	voir ces arbres morts.	Il y a partout des arbres morts. Ils *(= ces arbres)* sont **tristes à** voir.
Il est / C'est	**impossible de**	lire cette écriture.	Quelle écriture! Elle *(= cette écriture)* est **impossible à** lire.

Diese Adjektive drücken alle ein **Urteil** oder ein **Gefühl** aus.

Nomen, Nomenbegleiter und Adjektiv

Nomen und Nomenbegleiter bilden eine Einheit.

1 Das Nomen

Geschlecht:
Ein Nomen ist entweder männlich/MASCULIN *oder* weiblich/FÉMININ

Zahl: Das Nomen steht entweder in der Einzahl/im SINGULIER oder in der Mehrzahl/im PLURIEL

	MASCULIN	FÉMININ
SINGULIER	le **cousin** un **oncle**	la **cousine** une **tante**
PLURIEL	les **cousins** des **oncles**	les **cousines** des **tantes**

2 Nomen und Nomenbegleiter

Ü. 102

Die Nomen sind verbunden mit einem sogenannten Begleiter.

Begleiter sind:

der **Article défini**: le, la, les	→ **94**
der **Article indéfini**: un, une, des	→ **94**
der **Article partitif**: du, de la, des	→ **95–98**
das **Adjectif démonstratif**: ce/cet, cette, ces	→ **99**
das **Adjectif possessif**: mon, ma, mes, etc.	→ **100**
das **Adjectif interrogatif**: quel?, quelle?	→ **101**
das **Adjectif indéfini**: tout, aucun, quelques, etc.	→ **103**
die **Zahlen**: cinq, neuf, douze, etc.	→ **124–125**

Der Begleiter steht **vor** dem Nomen.
Er passt sich in Geschlecht (masc./fém.) und Zahl (sing./plur.) dem Nomen an.

ce monsieur **mon** frère **quel** copain? etc.	**cette** dame **ma** soeur **quelle** copine? etc.
ces messieurs **mes** frères **quels** copains? etc.	**ces** dames **mes** soeurs **quelles** copines? etc.

3 Nomen und Adjektiv

Ü. 102

Die Einheit Nomen und Nomenbegleiter kann (aber muss nicht) um ein Adjektiv/Adjectif erweitert werden.

Das Adjektiv passt seine Endung in Geschlecht und Zahl dem Nomen an.

Die meisten Adjektive stehen **hinter** dem Nomen, einige wenige **vor** dem Nomen. (→ **113–114**)

un homme **actif** ce **petit** garçon	une femme **active** cette **petite** fille
des hommes **actifs** ces **petits** garçons	des femmes **actives** ces **petites** filles

Wie merkt man sich das Geschlecht eines Nomens?

4 Natürliches und grammatisches Geschlecht

Ü. 103

4.1 «Natürliches» Geschlecht bei Personen

	Nomen, die **männliche** Personen bezeichnen, sind **MASCULIN.**	Nomen, die **weibliche** Personen bezeichnen, sind **FÉMININ.**
Unterschiedliche Wörter im Masculin und Féminin.	**un** monsieur **un** homme **un** père **un** frère **un** oncle **un** neveu *Neffe*	**une** dame **une** femme **une** mère **une** soeur **une** tante **une** nièce *Nichte*
Dasselbe Wort im Masculin und Féminin. Das Geschlecht erkennt man nur am Begleiter.	**un** élève **un** enfant **un** camarade **un** dentiste **un** journaliste **un** architecte **un** propriétaire *Besitzer* **un** secrétaire **un** concierge **un** photographe	**une** élève **une** enfant **une** camarade **une** dentiste **une** journaliste **une** architecte **une** propriétaire *Besitzerin* **une** secrétaire **une** concierge **une** photographe
Das Geschlecht erkennt man am Begleiter **und** am Endungs-**e** des Féminin.	**un** ami **un** habitant **un** Français **un** employé	**une** amie **une** habitante **une** Française **une** employée
Ausnahmen: Ursprünglich den Männern vorbehaltene Berufe: Die männliche Form wird noch heute auch für weibliche Personen verwendet.	**un** bon guide *Führer/Führerin* **un** bon peintre *Maler/Malerin* **un** bon auteur *Autor/Autorin* **un** bon professeur **un** bon médecin *Arzt/Ärztin*	
Zur Vermeidung von Missverständnissen:		une femme médecin *Ärztin* une femme peintre *Malerin*
Nur in der Romandie, nicht in Frankreich:	**un** chef	**une** cheffe
Weibliches Wort, das sowohl männliche als auch weibliche Personen bezeichnet.		une star } *weiblicher <u>und</u> männlicher Star* une vedette } une recrue *Rekrut/Rekrutin*

4.2 «Grammatisches» Geschlecht bei Sachen

Den Nomen, die **Sachen** bezeichnen, kann man meistens nicht ansehen, ob sie männlich oder weiblich sind. Man muss sich diese Nomen entweder mit einem **Begleiter** einprägen oder mit einem **Adjektiv**, dessen Geschlecht eindeutig erkennbar ist.

le bain	**le** choix *Wahl*	**un** espace *(Welt)-raum*
la main	**la** noix	**une** espèce *Art*
le cours *Kurs*	**le** musée	**le** poisson
la cour *Hof*	**la** fusée	**la** boisson

les ciseaux → les **nouveaux** ciseaux
les vacances → les **grandes** vacances
ces lunettes → ces **vieilles** lunettes

Es gibt sogar einige gleich klingende Nomen, die sowohl männlich als auch weiblich sein können und je nach Geschlecht eine andere Bedeutung haben:

MASCULIN		FÉMININ	
un livre français	ein französisches **Buch**	**une livre** de sucre	**ein Pfund** Zucker
le tour de Suisse	**die Tour** de Suisse	**la tour** Eiffel	**der** Eiffel**turm**
le poste	a) **der Posten** b) **das Radio-/Fernsehgerät**	**la poste** française	**die** französische **Post**
le voile (de mariée)	**der** (Braut)**schleier**	**la voile**	**das Segel**
le manche	**der Stiel, der Griff**	**la manche** droite	**der** rechte **Ärmel**
		la Manche	**der Ärmelkanal**
le mode	**die Art und Weise, der Modus**	**la** nouvelle **mode**	**die** neue **Mode**
le mode d'emploi	**die Gebrauchsanweisung**		

5 Das Geschlecht der «Parallelwörter» Ü. 102–103

Besonders heikel sind für Deutschsprachige die sogenannten «Parallelwörter». Das sind Wörter, die ähnlich klingen wie im Deutschen. Sie haben aber oft ein anderes Geschlecht.

F: masc.	**D: fém.**		
le banc	*die Bank*	le numéro	*die Nummer*
le canon	*die Kanone*	un opéra	*eine Oper*
le CD	*die CD*	le parti	*die Partei*
le chiffre	*die Ziffer*	le reportage	*die Reportage*
le chocolat	*die Schokolade*	le rôle	*die Rolle*
le cigare	*die Zigarre*	le tour	*die Tour*
le citron	*die Zitrone*	le tube	*die Tube*
le contrôle	*die Kontrolle*	un uniforme	*eine Uniform*
un épisode	*eine Episode*	le vase	*die Vase*
le garage	*die Garage*	le violon	*die Violine*
le geste	*die Geste*		
le groupe	*die Gruppe*		
le masque	*die Maske*		
le melon	*die Melone*		
le million	*die Million*		

F: fém.	**D: masc.**
une apostrophe	*ein Apostroph*
la barbe	*der Bart*
la comète	*der Komet*
la danse	*der Tanz*
la marche	*der Marsch*
la pantoufle	*der Pantoffel*
la Peugeot	*der Peugeot*
la place	*der Platz*
la planète	*der Planet*
la rime	*der Reim*
la salade	*der Salat*
la salle	*der Saal*
la tour	*der Turm*
la valse	*der Walzer*

6 Wortbedeutung und Wortendung als Einprägungshilfe

Ü.104–106

6.1 Das Geschlecht richtet sich nach der Wortbedeutung

				Ausnahmen
Wochentage	m.	**un** dimanche **ce** lundi		
Monate	m.	**un** février très froid		
Jahreszeiten	m.	**un** beau printemps **un** bel été **un** bel automne **un** bel hiver		
Autonamen	f.	**une** Citroën **une** Renault **une** Audi	**une** Toyota **une** Rolls **une** Alfa	
Erdteile	f.	**toute** l'Europe **toute** l'Asie **toute** l'Amérique	**toute** l'Afrique **toute** l'Australie	
Länder und Provinzen	m.	*nicht auf -e endend:* **le** Portugal **le** Danemark **le** Luxembourg	**le** Canada **les** Etats-Unis **le** Liechtenstein	
	f.	*auf -e endend:* **la** Suisse **la** France **l'**Italie **l'**Allemagne	**l'**Espagne **l'**Autriche **l'**Angleterre etc.	**le** Mexique
Französische Flüsse	m.	*nicht auf -e endend:* **le** Doubs **le** Tarn **le** Rhin		
	f.	*auf -e endend:* **la** Seine **la** Saône **la** Loire	**la** Garonne **la** Marne etc.	**le** Rhône
Bäume	m.	**un** arbre **le** chêne **le** sapin	**le** pommier **le** poirier etc.	
Früchte und Gemüse	m.	*nicht auf -e endend:* **un** abricot **un** ananas **le** chou **le** citron	**un** haricot **les** petits pois **le** radis etc.	
	f.	*auf -e endend:* **une** aubergine **la** banane **la** carotte **la** tomate **une** orange	**la** fraise **la** framboise **la** mandarine **la** pomme **la** poire	

Endung	Beispiele		Ausnahmen	
-age m.	les bagages	un orage	la cage	*Endung «-e»:*
	le courage	le paysage	la page	*-ag- gehört noch zum Stamm.*
	le garage	le village	la plage	
	le nuage	le maquillage *Schminken*	la rage *Wut*	
			une image *Abbildung*	
-ade f.	la salade	une habitude	le stade	*Endung «-e»:*
-ude f.	la promenade	une altitude *Höhe ü. M.*		*-ad- gehört zum Stamm.*
	une orangade	une inquiétude		
-ance f.	une amubulance	une absence	le silence	
-ence f.	une chance	la patience *Geduld*		
	la confiance *Vertrauen*	une essence *Benzin*		
	une enfance			
-ment m.	le commencement	le monument		
	le renseignement	le sentiment		
	le logement	le vêtement etc.		
-eur m. *Männliche Personen oder Dinge:*	le directeur	le moteur	la fleur	
	un inventeur	un ascenseur		
	le visiteur	un ordinateur		
Abstrakte Begriffe (oft von Adjektiven abgeleitet): f.	la grandeur	la peur	le bonheur	
	la hauteur	la chaleur *Hitze*	le malheur	
	la largeur	la couleur	un honneur *Ehre*	
	la profondeur etc.	l'humeur *Laune*		
-esse f.	une adresse	la maîtresse		
	une hôtesse	la promesse		
	la jeunesse	la vitesse		
-eau m.	le cadeau	les ciseaux *Schere*	une eau	
	le couteau	le drapeau *Fahne*	la peau *Haut, Schale*	
	le corbeau *Rabe*	le morceau etc.		
-eu m.	le feu	le lieu		
	le jeu	le milieu		
-ou m.	le caillou *Kieselstein*	le cou		
	le chou	le fou		
	le clou	le genou etc.		
-gion f.	la région	une organisation		
	la religion	une opération		
-sion	la pension	une collection		
	une occasion	une exception		
-tion	la profession	une déception		
-aison f.	la maison	la conjugaison		
	la raison	la terminaison		
	la saison			
-on m.	le poison *Gift*	le bouton *Knopf*		
	le poisson	un oignon		
f.	la boisson	la façon		
	la prison	la leçon		

-té *Eigenschaften und Begriffe: oft von Adjektiven abgeleitet*	une activité la banalité la bonté la propreté	la possibilité la qualité la volonté la santé la sécurité	**le** côté **le** comité	*Endung «-é»: Das -t- gehört noch zum Stamm.*
-tié	l' amitié	la moitié		
-ure	une aventure la ceinture la blessure *Wunde*	la facture *Rechnung* la nourriture la peinture		

7 Vom Masculin zum Féminin: Nomen und Adjektive

Ü. 106

An den Beispielen der unten stehenden Tabelle lässt sich Folgendes ablesen:

- Aus einer männlichen Endung wird durch das Anfügen eines **-e** eine weibliche Endung. *(In einigen Fällen ändert sich dabei die Aussprache und die Schreibweise des Wortes.)*
- Diese Endungen finden sich sowohl bei Adjektiven als auch bei Nomen

-é/-ée	âgé compliqué	âgée compliquée
	le blé *Getreide* le passé	la pensée la fusée
Aber:	• **la** clé	• **le** musée • **le** lycée
-i/ie	poli *höflich* ravi *entzückt*	polie ravie
	le cri le pari *Wette*	la sortie l'envie *Lust*
Aber:		• **un** incendie
-u/ue	nu *nackt* inconnu	nue inconnue
	le menu	la vue la rue la fondue
-f/-ve	neuf actif	neuve active
	un oeuf un adjectif	une épreuve la locomotive
Aber:		• **le** rêve • **le** fleuve

-al/-ale	génial principal	géniale principale
	un animal un hôpital	la capitale la cathédrale
Aber:		• **le** scandale
-el/-elle	naturel personnel	naturelle personnelle
	le ciel le tunnel	la chapelle la vaisselle
-ail/-aille	le travail le détail	la taille la médaille
-il/-ille	gentil	gentille
-eil/-eille	pareil le soleil le conseil	pareille une abeille *Biene* la bouteille
-in/-ine	fin féminin	fine féminine
	le raisin le matin	la colline *Hügel* une usine *Fabrik*
Aber:	• **la** fin	• **le** magazine *Zeitschrift*

-ain/-aine	prochain	prochaine
	souterrain	souterraine
	le pain	la fontaine
	le terrain	la semaine
Aber:	• **la** main	

-ien/-ienne	ancien	ancienne
	italien	italienne
	le chien	la chienne
	le musicien	la musicienne

-on/-onne	bon	bonne
	mignon *herzig*	mignonne
	le vigneron *Winzer*	la vigneronne
	le champion	la championne

-eux/-euse	heureux	heureuse
	joyeux	joyeuse
-eur/-euse	le skieur	la skieuse
	le nageur	la nageuse

-teur/-trice	le directeur	la directrice
	le conducteur	la conductrice
	l'acteur	l'actrice
	l'auditeur	l'auditrice
Aber:	le chanteur	la chan**teuse**

-er/-ère	léger	légère
	premier	première
	le jardinier	la jardinière
	l'hôtelier	l'hôtelière
Aber:	cher	chère
	fier	fière

masculin + féminin gleich ausgesprochen.

-as/-asse	gras *fett*	grasse
-os/-osse	gros *dick*	grosse
	le repas	la terrasse
	le repos	la brosse

-is/-ise	gris	grise
	assis	assise
	le paradis	une église
	le radis	la surprise
Aber:	• **la** souris	

-ant/ante	méchant	méchante
	suffisant	suffisante
	le gant	la plante
	le volant *Lenkrad*	la tante

-ent/ente	excellent	excellente
	violent	violente
	un accent	la descente
	un accident	la tente *Zelt*
Aber:	• **la** dent	

-et/-ette	violet	violette
	muet *stumm*	muette
	le bonnet	l'assiette
	le bracelet	la bicyclette

-et/-ète	complet	complète
	inquiet *unruhig*	inquiète
	le guichet *Schalter*	la planète
	le jouet	la comète

Beachte:	frais	fraî**che**
	blanc	blan**che**
	sec	s**è**c**he**
	long	lon**gue**
	faux	fau**sse**
	roux *rothaarig*	rou**sse**
	doux	dou**ce**
	jaloux	jalou**se**
	fou	fo**lle**

8 Die Sonderformen bel, vieil und nouvel

Ü. 106

Die unregelmässigen Adjektive **beau-belle, vieux-vieille** und **nouveau-nouvelle** haben wie **«ce/cette»** noch eine zweite männliche Form: **bel, vieil, nouvel**. Diese Form steht ausschliesslich vor einem männlichen Nomen im **Singular,** das mit einem **Vokal** oder einem **stummen h** beginnt, **also vor einem männlichen Nomen mit dem Artikel l'.**

MASCULIN **le**	**l'**	FÉMININ
beau Ce chalet est beau. C'est un beau chalet.	**bel** **Cet**‿immeuble est beau. C'est un **bel**‿immeuble.	**belle** Cette maison est belle. C'est une belle maison.
vieux Ce château est vieux. C'est un vieux château.	**vieil** **Cet**‿appartement est vieux. C'est un **vieil**‿appartement.	**vieille** Cette villa est vieille. C'est une vieille villa.
nouveau Ce magasin est nouveau. C'est un nouveau magasin.	**nouvel** **Cet**‿hôtel est nouveau. C'est un **nouvel**‿hôtel.	**nouvelle** Cette caravane est nouvelle. C'est une nouvelle caravane.

ABER: Article «**les**»

Ces‿immeubles sont beau**x**.
Ce sont de beau**x**‿immeubles.

Ces‿appartements sont vieu**x**.
Ce sont de vieu**x**‿appartements.

Ces‿**h**ôtels sont nouveau**x**.
Ce sont de nouveau**x**‿**h**ôtels.

Im Masculin Pluriel (Artikel «les») braucht man die Bindungsformen *bel, vieil, nouvel* nicht mehr, da das «Plural-s» resp. «Plural-x» als Bindung dient und also keine Vokale mehr zusammenstossen.

9 Unveränderliche Adjektive

une jupe gri<u>s</u> foncé *dunkelgrau*
une chemise ver<u>t</u> clair *hellgrün*
une étoffe ble<u>u</u> ciel *himmelblau*
une veste ver<u>t</u> bouteille *flaschengrün*

Farbadjektive sind <u>unveränderlich</u>, wenn sie durch ein zweites Wort präzisiert werden.

des objets orang<u>e</u>
des cheveux marro<u>n</u> *kastanienbraun*
une cravate argen<u>t</u> *silbergrau*
une blouse citro<u>n</u> *zitronengelb*
des gants oliv<u>e</u>

Auch Nomen, die als Farbadjektive gebraucht werden, sind <u>unveränderlich</u>.

10 Vom SINGULIER zum PLURIEL — Ü. 107

Hauptgruppe: Der PLURIEL auf -s

leur petit chat	quelle jolie fleur!
leurs petits chats	quelles jolies fleurs

Nomen, Begleiter und Adjektiv erhalten die **Endung -s.** Diese ist nicht hörbar.

un tapis gris	le nez	la voix
des tapis gris	les nez	les voix

Wörter, die im SINGULIER auf **-s/-z/-x** enden, bleiben im PLURIEL unverändert.

Nebengruppe 1: Vom PLURIEL auf -s zum PLURIEL auf -x

Wörter auf -eu:	→ -eux
le feu	les feu**x**
le jeu	les jeu**x**
le lieu	les lieu**x**
le cheveu	les cheveu**x**
le neveu	les neveu**x**

Ausnahmen:	→ -eus
le pneu	les pneu**s**
le bleu	les bleu**s** *blaue Flecken*

Wörter auf -au:	→ -aux
le noyau *Kern*	les noyau**x**
le tuyau *Rohr, Schlauch*	les tuyau**x**

Wörter auf -eau:	→ -eaux
le bureau	les bureau**x**
le morceau	les morceau**x**
le cadeau	les cadeau**x**
le rideau	les rideau**x**
le chapeau	les chapeau**x**
le tableau	les tableau**x**
le couteau	les couteau**x**
la peau	les peau**x**
ce beau bateau	ces beau**x** bateau**x**
le nouveau manteau	les nouveau**x** manteau**x**

Wörter auf -ou:	→ -ous
le trou	les trou**s**
le clou *Nagel*	les clou**s**
le cou	les cou**s**
le sou *«Batzen»*	les sou**s**
le fou	les fou**s**
le filou *Spitzbub*	les filou**s**
le coucou	les coucou**s**

Ausnahmen:	→ -oux
le chou	les chou**x**
le genou	les genou**x**
le pou *Laus*	les pou**x**
le bijou	les bijou**x**
le caillou *Kiesel*	les caillou**x**
le hibou *Eule*	les hibou**x**

Nebengruppe 2: Von den unhörbaren zu den hörbaren PLURIEL-Endungen — Ü. 107

Die Pluralkennzeichen -s und -x gehören der geschriebenen Sprache an. Ausgesprochen werden sie in der Regel nicht. Hörbar sind sie nur als Bindungs-s oder Bindungs-x vor Vokal: nos‿amis / nos vieux‿amis

Es gibt aber auch hörbare Pluralendungen.

Wörter auf -al:	→ -aux	**Ausnahmen:**	→ -s
un animal	des anim**aux**	le bal *Tanzfest*	les bal**s**
un cheval	des chev**aux**	le carnaval	les carnaval**s**
un signal	des sign**aux**	le festival	les festival**s**
un rival	des riv**aux**		
un général	des génér**aux**		
un canal	des can**aux**		
un hôpital cantonal	des hôpit**aux** canton**aux**	un mot banal	des mots banal**s**
un journal régional	des journ**aux** région**aux**	un jour fatal	des jours fatal**s**
un numéro postal	des numéros post**aux** *Postleitzahlen*		
	CFF : Chemins de Fer Fédér**aux**		

Vorsicht bei den Adjektiven: Die Endung -aux gilt nur fürs Masculin:

un pays oriental	une ville oriental**e**	un conseiller fédéral*	une conseillère fédéral**e**
des pays orient**aux**	des ville**s** oriental**es**	des conseiller**s** fédér**aux**	des conseillère**s** fédéral**es**

**Bundesrat*

Wörter auf -ail:	→ -ails	**Ausnahmen:**	→ **-aux**
le détail	les détail**s**	le travail	les trav**aux**
le rail *Gleis*	les rail**s**	le vitrail	les vitr**aux** *Kirchenfenster*
le portail *Portal*	les portail**s**		
le chandail *Pullover*	les chandail**s**		

Sonderfälle

l' oeuf	le boeuf	l' os	l' oeil
les oeufs	les boeufs	les os	les yeux

Das -f von «oeufs» und «boeufs» und das -s von «les os» werden nicht ausgesprochen.

Monsieur	**Ma**dame	**Ma**demoiselle
Messieurs	**Mes**dames	**Mes**demoiselles

In diesen Wörtern ist *mon/ma* enthalten
Mes ist der PLURAL von *mon/ma*.

Récapitulation — Ü. 108

Der Artikel, der häufigste Nomenbegleiter

Das Französische kennt dreierlei Artikel:

- den unbestimmten Artikel / L'article indéfini
- den bestimmten Artikel / L'article défini
- den Teilungsartikel / L'article partitif

1 Vom unbestimmten zum bestimmten Artikel Ü. 109

Unbestimmter Artikel
Das Nomen bezeichnet **irgendeine**, d.h. eine (noch) **nicht «näher bestimmte»** Person oder Sache.

	SINGULIER	
vor Konsonant	**un** copain	**une** copine
vor Vokal	**un** ami	**une** amie
	PLURIEL	
vor Konsonant	**des** copains	**des** copines
vor Vokal	**des**‿amis	**des**‿amies

Bestimmter Artikel
Das Nomen bezeichnet eine ganz **bestimmte** Person oder Sache.

	SINGULIER	
vor Konsonant	**le** copain	**la** copine
vor Vokal	**l'** ami	**l'** amie
	PLURIEL	
vor Konsonant	**les** copains	**les** copines
vor Vokal	**les**‿amis	**les**‿amies

Beachte:
Die bestimmten Artikel **le** und **les** verschmelzen mit vorangehendem **de** oder **à** :

Le père:	Le nom **du** père.	Je pense **au** père.
Les grands-parents:	Le nom **des** grands-parents.	Je pense **aux** grands-parents.
La mère:	Le nom de la mère.	Je pense à la mère.
L' enfant:	Le nom de l' enfant.	Je pense à l' enfant.

F>D 2 Sonderfälle mit bestimmtem Artikel Ü. 109

In den folgenden Fällen steht im Deutschen (meist) kein Artikel, im Französischen dagegen **immer der bestimmte Artikel.**

Verben:	J'aime **la** raclette.	*Ich habe Raclette gern./Ich habe gern Raclette.*
aimer	Il aime **les** pâtes.	*Er hat Teigwaren gern./Er hat gern Teigwaren.*
détester	Elle déteste **les** enfants.	*Sie mag Kinder nicht.*
adorer	Mais elle adore **les** chats.	*Aber sie liebt Katzen über alles.*
Persönliche Merkmale*	Mon petit frère a **les** cheveux blonds.	*... hat blonde Haare.*
	les yeux bleus.	*... blaue Augen.*
	Il a toujours **les** mains sales.	*... immer schmutzige Hände.*

**unbestimmter Artikel auch möglich*

Zeitangaben: Tageszeit	**le** matin	*am Morgen/am Vormittag, morgens/vormittags*
	l' après-midi	*am Nachmittag, nachmittags*
	le soir	*am Abend, abends*
	la nuit	*in der Nacht, nachts*
Wochentag	**Le** lundi, j'ai classe.	*Am Montag, jeden Montag, montags …*
	Le mardi, j'ai congé.	*Am Dienstag, jeden Dienstag, dienstags …*
	Aber ohne Artikel:	
	Lundi, j'ai été au cinéma.	*Letzten Montag …*
	Mardi, je ne pourrai pas venir.	*Nächsten Dienstag …*
Woche	**la** semaine dernière/prochaine	*letzte/nächste Woche*
Monat	**le** mois dernier/prochain	*letzten/nächsten Monat*
Jahr	**l'** année dernière/prochaine	*letztes/nächstes Jahr*
Datum	**le** 13 novembre	*am 13. November*
Titel:	**le** docteur Albert Schweitzer	*Dr. Albert Schweitzer*
	le professeur Einstein	*Professor Einstein*
	le général de Gaulle	*General de Gaulle*
	le pape Jean-Paul II	*Papst Johannes Paul II.*
Gruss/Anrede:	Bonjour Monsieur **le** Président	*Guten Tag, Herr Präsident*
	Bonjour Madame **la** Directrice	*Guten Tag, Frau Direktorin*
	aber bei Ärzten:	
	Bonjour docteur	*Guten Tag, Herr Doktor/Frau Doktor*

3 Der Teilungsartikel / L'article partitif

Ü.110–111

Die Formen

Der Teilungsartikel setzt sich aus zwei Elementen zusammen:

de + bestimmter Artikel

Il me faut	**du**	sel	**de la**	farine
Il me faut	**de l'**	aromate	**de l'**	huile
Il me faut	**des**	oeufs	**des**	olives

D>F **Vorsicht beim Übersetzen aus dem Deutschen**

D: *überhaupt kein Artikel*		F: **Teilungsartikel**
Er isst Brot.	→	Il mange **du** pain.
Er trinkt Wasser.	→	Il boit **de l'**eau.

Der Gebrauch

Der Teilungsartikel findet sich am häufigsten bei **Lebensmitteln**:

	bestimmter Artikel	
Mon frère me passe	**le**	riz.
	la	viande.
	les	légumes.
	l'	eau minérale.

	Teilungs-artikel	
Je prends	**du**	riz.
	de la	viande.
	des	légumes.
	de l'	eau minérale.

Der bestimmte Artikel bezeichnet das **Ganze,** d.h. eine **bestimmte** Menge.
In diesem Fall: alles, was an Reis, Fleisch usw. auf dem Tisch ist.

Der Teilungsartikel bezeichnet einen **Teil** davon, eine **unbestimmte** Menge.
Soviel, wie ich davon auf den Teller nehme.

Der Teilungsartikel **der Einzahl** wird ferner auch verwendet für:

Stoffe/Materialien

Je ramasse **du** bois.
J'achète **de l'**étoffe.
C'est **du** coton *Baumwolle.*

Tätigkeiten

Il fait **du** sport.
de la musique.
du théâtre.

abstrakte Begriffe

Tu as **du** courage.
Il faut **de la** patience.
Elle a **du** talent.

Der Teilungsartikel **der Mehrzahl** bezeichnet irgendwelche Dinge oder Personen in unbestimmter Anzahl – genau wie der unbestimmte Artikel:

Je prends **des** renseignements.

Ont-ils **des** enfants?

Der Teilungsartikel nach **Präpositionen**:

Nach **sans** steht **nie** einTeilungsartikel, wohl aber nach den andern Präpositionen.

Il prend le café **sans** sucre.

Moi, je prends le café **avec du** sucre.
On écrit **sur du** papier.
Pour de l' argent, il ferait n'importe quoi!

4 Vom Article partitif zum «de partitif» Ü.110–111

Unter bestimmten Bedingungen wird der Teilungsartikel/article partitif zu blossem **«de»** verkürzt, dem so genannten **«partitiven de»/«de partitif»**.
Der Unterschied zwischen **Article partitif** und **«de partitif»**, illustriert an einem Beispiel:

<u>Was</u> *ist das?*	C'est **du** vin.
<u>Wieviel</u> *ist es?*	? *(eine unbestimmte Menge)*

C'est … **de** vin
Die Menge lässt sich bestimmen.

Article partitif

J'achète	**keine Mengen-angabe**	**du** pain.
J'achète		**de la** confiture.
J'achète		**de l'** eau minérale.
J'achète		**des** pommes.

de partitif

	Mengenangabe		
J'achète	**un kilo**	**de**	pain.
	un pot	**de**	confiture.
	une bouteille	**d'**	eau minérale.
	un sac	**de**	pommes de terre.
Je prends	**un peu**	**de**	vin.
	beaucoup	**de**	biscuits.

Beachte:

Auch eine **Null-Menge** *(Verneinung)* gilt als Mengenangabe:

Je **ne** prends **pas de** vin.
Il **ne** boit **plus de** vin.
Elle **ne** boit **jamais de** vin.

4.1 Die wichtigsten Mengenangaben / expressions de quantité

combien **de** … ?

un centimètre **de** … un mètre **de** … un kilomètre **de** …	un verre **de** … une bouteille **de** … une tasse **de** … un bol **de** … une assiette **de** … un pot **de** …	un sac **de** … un sachet **de** … une boîte **de** … un paquet **de** … une caisse **de** …	combien **de** … ? peu **de** … un peu **de** … assez **de** … beaucoup **de** … pas mal **de** … *(fam.)* trop **de** …
cent grammes **de** … une livre **de** … un kilo **de**…	un tube **de** …	une paire **de** … une dizaine **de** … une douzaine **de** … une quantité **de** … un tas **de** …	moins **de** … plus **de** … ne … pas **de** … ne … plus **de** …
un décilitre **de** … un demi-litre **de** … un litre **de** …	un morceau **de** … une tranche **de** …		

Zwei Ausnahmen: Die Mengenangaben **«la plupart»** und **«bien»** verlangen den **vollen Teilungsartikel**.

la plupart **des** gens …	*die meisten Leute*	bien **des** problèmes	*viele Probleme*
la plupart **du** temps …	*die meiste Zeit*	avoir bien **de la** chance	*viel Glück haben*

4.2 «De» oder «des» vor Adjektiven?

	Gepflegte Sprache, geschriebene Sprache	Umgangssprache
Vor einem Adjektiv, das in der Mehrzahl steht:	***de*** *statt «des» vor Konsonant*	***des*** *vor Konsonant*
	de grands arbres **de** belles plantes **de** jolies fleurs	**des** grands arbres **des** belles fleurs **des** jolies fleurs
	d' *vor Vokal*	***d'*** *vor Vokal*
	d' autres gens **d'** excellents amis	**d'** autres gens **d'** excellents amis
Wenn das Adjektiv mit dem Nomen eine Sinneinheit bildet:	**des** grands magasins *Warenhäuser* **des** petits pains *Weggli* **des** mauvaises herbes *Unkraut* **des** petits pois *Erbsen*	**des** grands magasins *Warenhäuser* **des** petits pains *Weggli* **des** mauvaises herbes *Unkraut* **des** petits pois *Erbsen*

5 Wegfall des Artikels

avoir faim = hungern
avoir honte = sich schämen

In Wendungen dieser Art ist das Nomen beinahe ein Teil des Verbs. Deshalb **fehlt der Artikel**.

avoir faim soif besoin peur	avoir honte raison tort envie	prendre place feu perdre courage patience	faire peur à qn plaisir à qn signe à qn *winken* confiance à qn *vertrauen*

Vom Nomenbegleiter zum Pronomen

Nomen + Nomenbegleiter	Pronomen
Ce vélo-ci a 3 vitesses *Gänge* et **ce vélo**-là en a 10.	… et **celui**-là en a 10.
Ce n'est pas **ma moto. Ma moto** est toute neuve.	… **La mienne** est toute neuve.
Quel tram va au zoo et **quel tram** va à la gare?	… et **lequel** va à la gare?
Quelques enfants entrent et **quelques enfants** sortent.	… et **quelques-uns** sortent.

In diesen Beispielen steht zweimal dasselbe Nomen mit demselben Begleiter.
Eine solche Wiederholung empfinden wir als störend.

Statt Nomen und Begleiter zu wiederholen, können wir an ihrer Stelle ein Pronomen verwenden.
(pro = für/an Stelle von)

1 Das Adjectif démonstratif und das Pronom démonstratif *(= hinweisend)* Ü.112–114

Das **Adjectif** démonstratif **begleitet** das Nomen

Übung S. 112

le magazine → **Ce** magazine m. l'illustré → **Cet** illustré m.	la revue → **Cette** revue Cette amie
les magazines → **Ces** magazines les illustrés → illustrés	les revues → **Ces** revues

Das **Pronom** démonstratif **ersetzt** das Nomen

Celui	-ci -là de … qui … que … dont … …	**Celle**	-ci -là de … qui … que … dont … …
Ceux	-ci -là de … qui … que … dont … …	**Celles**	-ci -là de … qui … que … dont … …

Zum Schema:

Bemerkungen zum Unterschied «ce/cet» (die beide männlich Einzahl sind):

Ce steht für **le.**
Cet steht für männliches **l'.**

Beachte:	
ce matin	*heute Morgen*
ce midi	*heute Mittag*
cet après-midi	*heute Nachmittag*
ce soir	*heute Abend*
cette nuit	*heute Nacht*

Das Pronomen celui (celle, ceux, celles) kann nie allein stehen. Es kann auf 3 Arten ergänzt werden:

-ci/-là	Quel dessin?	Celui-**ci** ou celui-**là?**
de	Quelle photo?	Celle **de** Gaby.
Relativsatz	Quels dessins?	Ceux **qui** sont là. Ceux **que** tu vois. Ceux **dont** tu parles.

2 Das Adjectif possessif und das Pronom possessif *(= besitzanzeigend)* Ü.114–117

X 19 S.115

Das Adjectif possessif begleitet das Nomen

le frère		la sœur		l'amie	
mon	frère	**ma**	soeur	**mon**	amie
ton	frère	**ta**	soeur	**ton**	amie
son	frère (à lui)	**sa**	soeur (à lui)	**son**	amie
son	frère (à elle)	**sa**	soeur (à elle)	**son**	amie
notre	frère	**notre**	soeur		
votre	frère	**votre**	soeur		
leur	frère (à eux)	**leur**	soeur (à eux)		
leur	frère (à elles)	**leur**	soeur (à elles)		
mes	frères	**mes**	soeurs		
tes	frères	**tes**	soeurs		
ses	frères (à lui)	**ses**	soeurs (à lui)		
ses	frères (à elle)	**ses**	soeurs (à elle)		
nos	frères	**nos**	soeurs		
vos	frères	**vos**	soeurs		
leurs	frères (à eux)	**leurs**	soeurs (à eux)		
leurs	frères (à elles)	**leurs**	soeurs (à elles)		
les frères		les sœurs			

Das Pronom possessif ersetzt das Nomen

le frère		la sœur	
le	**mien**	la	**mienne**
le	**tien**	la	**tienne**
le	**sien**	la	**sienne**
le	**sien**	la	**sienne**
le	**nôtre**	la	**nôtre**
le	**vôtre**	la	**vôtre**
le	**leur**	la	**leur**
le	**leur**	la	**leur**
les	**miens**	les	**miennes**
les	**tiens**	les	**tiennes**
les	**siens**	les	**siennes**
les	**siens**	les	**siennes**
les	**nôtres**	les	**nôtres**
les	**vôtres**	les	**vôtres**
les	**leurs**	les	**leurs**
les	**leurs**	les	**leurs**
les frères		les sœurs	

Zum Schema:

Wann steht vor einem weiblichen Wort *mon/ton/son* statt *ma/ta/sa?*

Ma/ta/sa entspricht dem Artikel **la.**
Mon/ton/son steht vor weiblichen Wörtern mit dem Artikel **l'** .

Die Verwechslung von *notre/nos, votre/vos* und besonders *leur/leurs* lässt sich leicht vermeiden.

Ein Adjectif possessif hat nur ein **-s,** wenn es vor einem Nomen im **Plural** steht.

Die Formen *son/sa/ses* lassen nicht erkennen, ob der Besitzer männlich oder weiblich ist.
Son frère = *le frère de mon copain*
oder auch:
= *le frère de ma copine.*
Wie lassen sich Missverständnisse ausschalten?

Wenn aus der Situation nicht klar wird, ob ein männlicher oder weiblicher Besitzer gemeint ist, fügt man *à lui/à elle* an.
Son frère = sein oder ihr Bruder
Son frère **à lui** = **sein** Bruder
Son frère **à elle** = **ihr** Bruder

D>F Vorsicht beim Übersetzen aus dem Deutschen

Zieh den Mantel an.	Mets **ton** manteau
Peter hat den Gürtel verloren.	Pierre a perdu **sa** ceinture.
Öffnen Sie den Koffer.	Ouvrez **votre** valise.
Ich muss die Brille putzen.	Il faut que je nettoie **mes** lunettes.

D: bestimmter Artikel.

F: Adjectif possessif bei Kleidern und persönlichen Effekten.

3 Das Adjectif interrogatif und das Pronom interrogatif *(= fragend)* Ü.117–118

Quel/quelle

Das **Adjectif** interrogatif *quel/quelle* **begleitet** das Nomen.

Quel ami	**Quelle** amie	vas-tu inviter?
Quels amis	**Quelles** amies	

Manchmal ist es durch «être» vom Nomen getrennt:

– Quelle est votre adresse?
– Quelles sont tes livres préférés? *Welches sind …?*

Lequel/laquelle

Das **Pronom** interrogatif *lequel/laquelle* **ersetzt** das Nomen.

Lequel	**Laquelle**	vas-tu inviter?
Lesquels	**Lesquelles**	

Es bezeichnet eine Auswahl:

– Voici 2 menus. Lequel préfères-tu? *oder*
– Lequel de ces menus préfères-tu?

Quel/quelle und *lequel/laquelle* werden auch **nach Präpositionen** gebraucht:

avec quel ami? — avec lequel?
Pour quelles amies? *etc.* — pour lesquelles? *etc.*

Vorsicht bei den Präpositionen «de» und «à», die mit «le» und «les» verschmelzen

De quel ami	De quelle amie	parlez-vous?
De quels amis	De quelles amies	

Duquel	De laquelle	parlez-vous?
Desquels	**Des**quelles	

A quel ami	A quelle amie	pensez-vous?
A quels amis	A quelles amies	

Auquel	A laquelle	pensez-vous?
Auxquels	**Aux**quelles	

4 Die einfachen Interrogativpronomen «Qui?» und «Quoi?»/«Que?» Ü. 118

Sie können allein stehen:

Il est malade.	– **Qui?**
Cela m'inquiète.	– **Quoi?**

Sie sind oft mit Präpositionen verbunden:

Marc joue au foot.	– Avec **qui?**
Eve tricote un pull.	– Pour **qui?**
Te souviens-tu de lui?	– De **qui?**
Il faut lui écrire.	– A **qui?**

On peut enlever cette tache? *(Fleck)*	– Avec **quoi?**
Il faudrait protester.	– Contre **quoi?**
J'ai envie de quelque chose.	– De **quoi?**
Je ne pense pas à cela.	– A **quoi?**
C'est une catastrophe.	– **Quoi** faire? *(Was*
oder häufiger:	– **Que** faire? *tun?)*

Fragen nach **Personen:** **Qui?**

Fragen nach **Sachen:** **Quoi?** und **Que?**

5 Die zusammengesetzten Interrogativpronomen

Ü. 119

Die zusammengesetzten Interrogativpronomen heissen:

Qui est-ce qui?
Qui est-ce que?

Qu'est-ce qui?
Qu'est-ce que?

Sie sind zum Verwechseln ähnlich. Sie beginnen entweder mit **«qui»** oder mit **«qu'»** (= que).
Und sie enden auf **«est-ce qui»** oder **«est-ce que»**.
Im Textzusammenhang sind diese Pronomen jedoch nicht schwer zu verstehen. Schwierig ist bloss die Wahl des richtigen Pronomens beim Sprechen und Schreiben.

Die Frage nach einer **Person** beginnt mit **Qui**:

1a	**Qui** est-ce qui est absent?	Pierre (est absent).	***wer?***
1b	**Qui** est-ce que tu attends?	(J' attends) **Pierre**.	***wen?***

Die Frage nach einer **Sache** beginnt mit **Qu'** **(= Que):**

2a	**Qu'** est-ce qui te dérange?	**Ce bruit** (me dérange).	***wer oder was?***
2b	**Qu'** est-ce que tu détestes?	(Je déteste) **ce bruit**.	***wen oder was?***

Das Pronomen endet auf «est-ce **qui**», … wenn nach dem **Subjekt** gefragt wird. (Fragen 1a und 2a)

(«est-ce qui» kommt viel seltener vor als «est-ce que»)

Das Pronomen endet auf «est-ce **que**», … wenn **nicht** nach dem **Subjekt** gefragt wird. (Fragen 1b und 2b)

In den Antworten auf die Fragen 1b und 2b heisst das Subjekt je, gefragt wird aber nach Pierre und ce bruit, also nach dem Complément direct.

6 Das Adjectif indéfini und das Pronom indéfini *(= unbestimmt)* Ü. 120–124

Das **Adjectif** indéfini **begleitet** das Nomen		Das **Pronomen** indéfini **ersetzt** das Nomen	
La police a interrogé			
chaque habitant	**chaque** habitante.	**Chacun** …	**Chacune** a dit autre chose.
Guy **ne** connaît 1)		Il n'**en** connaît 3)	
aucun acteur. **pas un seul** acteur.	**aucune** actrice. **pas une seule** actrice.	**aucun.** **pas un seul.**	**aucune.** **pas une seule.**
Il connaît 2)		Il **en** connaît 3)	
plusieurs chanteurs.	**plusieurs** chanteuses.	**plusieurs.**	**plusieurs.**
Il connaît aussi		Il **en** connaît 3)	
quelques danseurs.	**quelques** danseuses.	**quelques-uns.**	**quelques-unes.**
Son frère connaît		Il connaît 4)	
tout le pays.	**toute** la Suisse. *(ganz)*	**tout.** *(alles)*	
tous les cantons.	**toutes** les villes. *(alle)*	Il les connaît **tous.**	**toutes.** *(alle)*

Beachte:

1) Zu **aucun** gehört **«ne»:** Il **ne** connaît **aucun** acteur.
Aucun acteur **ne** lui est connu.

2) **Plusieurs** ist unveränderlich.

3) Die Pronomen **ne … aucun, plusieurs** und **quelques-uns** werden durch **en** verstärkt.

4) das **-s** von **tous** wird nur ausgesprochen, wenn **tous** Pronomen ist (d.h. wenn es <u>nicht</u> vor einem Nomen steht).

7 «Tout» = ganz vor Adjektiven – ein Sonderfall Ü. 123

Das vor einem Adjektiv stehende «tout» = *ganz* ist Adverb. Adverbien sind unveränderlich. Die folgende Darstellung zeigt, dass dies in sehr vielen Fällen auch für *tout* zutrifft. Es gibt jedoch <u>eine Ausnahme</u>.

A: Das Adjektiv beginnt mit einem **Vokal** oder mit stummem **h**

Il est tout‿**é**tonné. Il est tout‿**h**eureux.	Elle est tout‿**é**tonnée. Elle est tout‿**h**eureuse.	«tout» ist **unveränderlich**
Ils sont tout‿**é**tonnés. Ils sont tout‿**h**eureux.	Elles sont tout‿**é**tonnées. Elles sont tout‿**h**eureuses.	

B: Das Adjektiv beginnt mit einem **Konsonanten**

Il est tout **c**ontent.	Elle est toute **c**ontente.	«tout» ist **unveränderlich**, wenn das Adjektiv **männlich** ist.
Ils sont tout **c**ontents.	Elles sont toute**s** **c**ontentes.	«tout» ist **veränderlich**, wenn das Adjektiv **weiblich** ist: toute/toutes

8 Die Pronoms indéfinis: «quelque chose/rien» «quelqu'un/personne» Ü. 124

Je crois qu'il y a **quelque chose** qui te fait peur.	Oh non. **Rien.** Je **ne** crains **rien.** **Rien ne** me fait peur.
Je suis sûr que tu crains **quelqu'un.**	Oh non. **Personne.** Je **ne** crains **personne.** **Personne ne** me fait peur.

Zwei Besonderheiten dieser vier Pronomen:

De als Bindeglied zwischen Pronomen und Adjektiv

C'est **quelque chose**	**de**	magnifique.	*etwas Wunderbares*
Il n'y a **rien**	**de**	plus beau.	*nichts Schöneres*
C'est **quelqu'un**	**de**	très gentil.	*jemand sehr Nettes*
Je ne connais **personne**	**de**	plus sympathique.	*niemand Sympathischeren*
Pronomen	**de**	Adjektiv	

Sonderfall **sans/jamais**

A-t-il mangé quelque chose? – Non, il est parti **sans rien** manger.
ohne etwas

– Il ne mange **jamais rien** le matin.
nie etwas

Nach **sans** und **jamais** wird statt «quelque chose» **rien** verwendet.

Récapitulation Ü. 125

Das Personalpronomen und die Adverbialpronomen

1 Die «formes fortes» des Personalpronomens

Ü. 126–127

Wie erklärt sich die Bezeichnung «formes fortes»?

Qui a vu Marc?	**Moi.**	Il était **chez moi** ce matin.
Qui va lui téléphoner?	**Toi.**	Il aimerait discuter **avec toi.**
Qui te l'a dit?	**Lui.**	Tu dois t'occuper **de lui.**
Eve ne pourrait pas le faire?	**Elle?**	On ne peut pas compter **sur elle.**
Qui a vu Marc et Guy?	**Nous.**	Ils étaient **chez nous** ce matin.
Qui va leur téléphoner?	**Vous.**	Ils aimeraient discuter **avec vous.**
Qui vous l'a dit?	**Eux.**	Vous devez vous occuper **d'eux.**
Eve et Nadine ne pourraient pas le faire?	**Elles?**	On ne peut pas compter **sur elles.**

Diese **Pronomen** sind nicht an ein Verb gebunden wie die «formes faibles»
Sie stehen **allein** oder **nach einer Präposition.**

Moi-même, toi-même etc. = *selber/selbst*

J'irai le voir **moi-même.** *ich selber/selbst*
Tu dois le faire **toi-même.** *du selber/selbst*
Il l'a vu **lui-même.**
Elle veut tout faire **elle-même.**

Nous y allons **nous-mêmes**/On y va **nous-mêmes.**
Vous le savez **vous-mêmes.**
Ils feront le travail **eux-mêmes.**
Elles veulent te le dire **elles-mêmes.**

Beachte den Bindestrich und das Plural-s!

2 Die «formes faibles» des Pronom personnel

Ü. 127

Im Unterschied zu den «formes fortes», die allein stehen können, sind die «formes faibles» immer an ein Verb gebunden.

1		2				3		4	
Je	ne	me	plains	pas.	On	me	comprend et	me	fait confiance.
Tu	ne	te	plains	pas.	On	te	comprend et	te	fait confiance.
Il	ne	**se**	plaint	pas.	On	**le**	comprend et	**lui**	fait confiance.
Elle	ne	**se**	plaint	pas.	On	**la**	comprend et	**lui**	fait confiance.
*Nous	ne	nous	plaignons	pas.	On	nous	comprend et	nous	fait confiance.
Vous	ne	vous	plaignez	pas.	On	vous	comprend et	vous	fait confiance.
Ils	ne	**se**	plaignent	pas.	On	**les**	comprend et	**leur**	fait confiance.
Elles	ne	**se**	plaignent	pas.	On	**les**	comprend et	**leur**	fait confiance.
Pronom sujet		Pronom du verbe pronominal				Pronom complément direct		Pronom compl. indirect	
qui? *wer?*		*Reflexivpronomen*				qui? *wen?*		à qui? *wem?*	

* In der Umgangssprache «On», statt «Nous».

Beachte: Nur in der **3. Person** (Einzahl und Mehrzahl) **unterscheiden** sich die Pronomen der drei Kolonnen.
Lui, *forme faible* ist zugleich **masculin und féminin. Lui,** *forme forte* ist ausschliesslich **masculin.**

3 Die Adverbialpronomen «y» und «en» Ü. 128–129

Zur Unterscheidung von «y» und «en»

J' **y** vais.	J' **y** pense avec plaisir.	J' **en** viens.	J' **en** parle avec plaisir.
y = à Marseille **en** Provence **dans** le Midi	y = **à** ce voyage **à** mon séjour là-bas **à** mes vacances	*en* = **de** Marseille **de** Provence **du** Midi	*en* = **de** ce voyage **de** mon aventure **des** vacances

«y» antwortet auf die Fragen **Où?** *und* **A quoi?**

«en » antwortet auf die Fragen **D'où?** *und* **De quoi?**

Das «en partitif»

Ein Nomen, das man nicht wiederholen will, muss in den folgenden Fällen durch **«en»** ersetzt werden:

Beim Nomen steht		
• **un/une**	Marc a **un** vélo depuis 2 ans. Lili en a **un** depuis hier.	*Lili hat eines …*
• **un/une + Adjektiv**	Alice a **une nouvelle** voiture. Elle en a **une nouvelle.**	*Sie hat ein neues.*
• **eine Zahl**	Max lit **trois** livres par semaine. Il en lit **trois** par semaine.	*Er liest (deren) drei.*
• **eine Mengenangabe**	Eve parle **plusieurs** langues. Elle en parle **plusieurs.**	*Sie spricht mehrere.*
	Yves mange **un morceau de** fromage. Il en mange **un morceau.**	*Er isst ein Stück.*
	Tu fais **trop de** fautes. Tu en fais **trop.**	*Du machst zu viele.*
eine Nullmenge:	Je ne prends **pas de** vin. Je n' en prends **pas.**	*Ich nehme keinen.*
• **ein Teilungsartikel:** **du**	Eve a encore **du** gâteau. Eve en a encore.	*Eve hat noch welchen.*
de la	Tu prends encore **de la** crème? Tu en prends encore?	*Nimmst du noch welche?*
des	Nous achèterons **des** journaux à la gare. Nous en achèterons à la gare.	*Wir werden welche kaufen.*

4 Die Stellung der Pronomen: «formes faibles» + «y» und «en» — Ü. 130

Grundregel

Das Pronomen steht vor dem konjugierten Verb,				in den zusammengesetzten Zeiten also vor dem Hilfsverb (avoir/être)		
– Tu connais ces gens?	Je	**les**	connais bien!	Je	**les**	ai rencontrés en France.
	Ils	**me**	sont très sympathiques.	Ils	**m'**	ont invité chez eux.
– Marianne trouve que	tu ne	**la**	comprends pas,	que tu ne	**l'**	as jamais comprise.
– Et le nouveau film?	Je	**le**	trouve excellent.	J'	**y**	suis allé deux fois.
– C'était un projet	qui	**nous**	intéressait.	Nous	**en**	avons beaucoup parlé.
Mais comme il était trop cher, ...				nous	**y**	avons renoncé.

Eine Ausnahme: der Impératif affirmatif

Die Grundregel gilt auch für den Impératif négatif,	**aber sie gilt** nicht **für den Impératif affirmatif**	
Ne **me** téléphonez pas, ...	écrivez-**moi.**	*(me → moi)*
Ne **t'** énerve pas, ...	calme-**toi.**	*(te → toi)*
Ne **le** dérangez pas, ...	laissez-**le** tranquille.	
Ne **lui** cache rien, ...	dis-**lui** tout.	
Ne **nous** laisse pas seuls, ...	emmène-**nous.**	*Beachte den Bindestrich!*
Ne **vous** fatiguez pas, ...	amusez-**vous.**	
Ne **les** oublie pas, ...	invite-**les.**	
Ne **leur** mentez pas, ...	faites-**leur** confiance.	
Das Pronomen steht **vor** dem Verb. (= Grundregel)	Das Pronomen steht **hinter** dem Verb. (= Ausnahme)	

Beachte:
«y» und **«en»** stehen nur selten beim Impératif affirmatif. Hier die häufigsten Fälle:

Il y a assez de pain.	Prends-**en** tant que tu veux.
N'y allez pas le matin.	Allez-**y** le soir.
N'y va pas seul.	Vas-**y** avec Alex. *(Beachte das Bindungs-s)*
Ne t'en va pas encore.	Maintenant, va-**t'en.**

Wie der Impératif affirmatif «va » (siehe oben) erhalten vor «y/en» auch die Imperative auf -e ein Bindungs-s:

N'en mange pas.	*Aber:*	Mange**s-en.**
N'y pense pas.	*Aber:*	Pense**s-y.**

Wenn auf das konjugierte Verb ein Infinitiv folgt …

Nur bei den folgenden Verben steht das Pronomen vor dem konjugierten Verb. (= Grundregel)				Sonst steht es vor dem Infinitiv, vor allem auch im **Futur composé.**			
entendre / écouter	Je	**les**	entends crier.	Ce roman,	il faut	**le**	lire.
	Je	**les**	écoute chanter.		on doit	**le**	lire.
voir / regarder	Je	**les**	vois courir.		je veux	**le**	lire
	Je	**les**	regarde danser.		tu peux	**le**	lire ce week-end.
laisser / faire	Je	**les**	laisse dormir.		Max aimerait	**le**	lire après toi.
	Je	**les**	fais rire.				
envoyer	Je	**les**	envoie acheter un journal.	Toute la famille va		**le**	lire . (= Futur composé)

5 Die Doppelpronomen: «formes faibles» + «y» und «en» Ü.130–131

Ein Verb kann auch von zwei aufeinander folgenden Pronomen begleitet sein (= Doppelpronomen).
Es gibt 3 Kombinationsmöglichkeiten:

- 5.1 Pronom personnel + Pronom personnel
- 5.2 Pronom personnel + «y» oder «en»
- 5.3 «se» + ein anderes Pronomen

5.1 Pronom personnel + Pronom personnel: die häufigste Kombination

nur 1 Pronomen

Jean	me	montre	son jardin. sa chambre. ses posters.		
Jean	te	montre	son jardin. sa chambre. ses posters.		
Jean		montre	son jardin sa chambre ses posters	à Guy	à Eve.
Jean	nous	montre	son jardin. sa chambre. ses posters.		
Jean	vous	montre	son jardin. sa chambre. ses posters.		
Jean		montre	son jardin sa chambre ses posters	à Guy et Eve.	

Doppelpronomen

Jean	me me me	le la les		montre. montre. montre.
Jean	te te te	le la les		montre. montre. montre.
Jean Jean Jean		le la les	lui lui lui	montre. montre. montre.
Jean	nous nous nous	le la les		montre. montre. montre.
Jean	vous vous vous	le la les		montre. montre. montre.
Jean Jean Jean		le la les	leur leur leur	montre. montre. montre.

Le sapin des pronoms

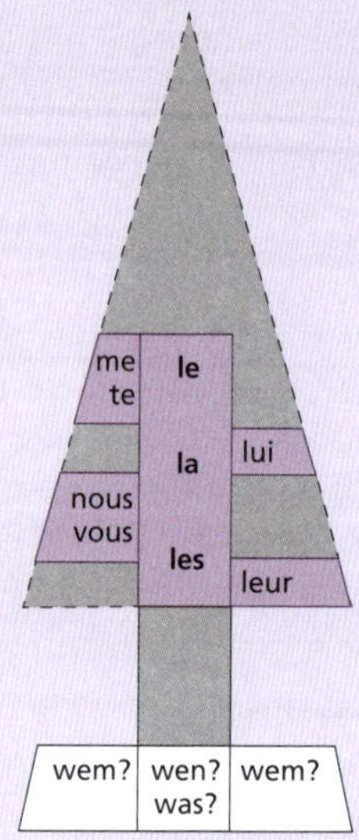

Zum Schema:

Die Pronomen können nicht beliebig kombiniert werden: jedes Pronomenpaar enthält **ein** obligatorisches Element.

Eines der Pronomen muss **le** oder **la** oder **les** sein.

Wann steht das andere Pronomen links, wann rechts von le/la/les?

Die Pronomen der **1./2. Person** (Einzahl und Mehrzahl) stehen **links** von le/la/les.
Die Pronomen der **3. Person** (Einzahl und Mehrzahl) stehen **rechts** von le/la/les.

Merkhilfe für die Reihenfolge der Pronomen:

Rechts von **l**e/**l**a/**l**es stehen nur Pronomen, die ebenfalls mit **l** beginnen: **l**ui und **l**eur.

Eine Ausnahme: der Impératif affirmatif

Nur im **Impératif affirmatif** steht das Doppelpronomen **hinter dem Verb.**

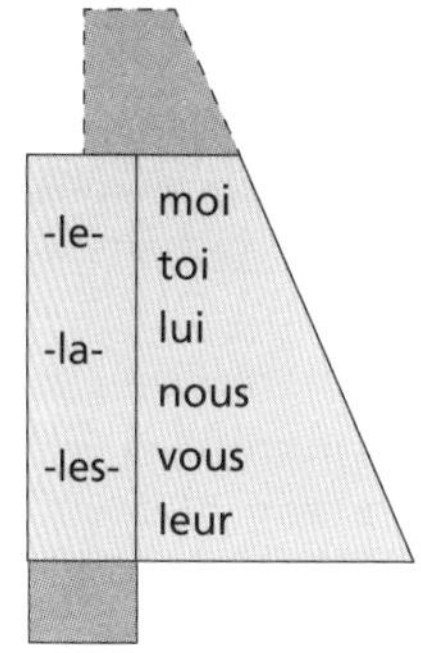

Elles sont bonnes, tes photos?	Montre-**les**-moi.
Eve ne connaît pas cette histoire.	Raconte-**la**-lui.
Ils aimeraient lire ce roman.	Prêtez-**le**-leur.
Nous ne comprenons pas ce texte.	Traduis-**le**-nous.
Elles ont besoin de ces livres.	Apporte-**les**-leur.

Beachte:
- die 2 Bindestriche
- den Wechsel vom *me/te* zum gewichtigeren *moi/toi*

Das **obligatorische** Pronomen **le/la/les** ist immer an **erster Stelle.**

5.2 Pronom personnel + «y»/«en»

Ein Pronom personnel wird öfters mit «en», jedoch selten mit «y» kombiniert:

Il me faudrait des oeufs.	Donnez-**m'en** une douzaine.
Vous devez aller à la gare?	Je **vous y** conduirai avec plaisir.

y/en an 2. Stelle

Beachte: Il y a des gens qui disent …
Il y en a qui disent … («y» vor «en»)

5.3 «se» + ein anderes Pronomen

«**se**» kann entweder mit **le/la/les** oder mit **y/en** verbunden werden:

Elle se lave les cheveux.	Elle **se les** lave (chaque jour).
Il faut s'habituer à ce bruit.	On **s'y** habitue vite.
Personne ne s'occupe de ce problème?	Il faudrait **s'en** occuper.

«se» steht immer **an erster Stelle.**
(Es wird also vom Verb, zu dem es gehört, getrennt.)

Récapitulation

Ü. 133

Der Relativsatz und das Relativpronomen

1 Die Aufgabe des Relativsatzes

Person/Sache

Voici un vigneron/un vin. — *unbestimmt, irdendeiner*
Voici un vigneron/un vin **français.** — *näher bestimmt durch ein* ***Adjektiv***
Voici un vigneron/un vin **de 40 ans.** — *näher bestimmt durch eine* ***Wortgruppe***
Voici un vigneron/un vin **que tout le monde connaît.** — *näher bestimmt durch einen* ***Relativsatz***

Der Relativsatz hat die Aufgabe, eine Person oder eine Sache näher zu bestimmen.

2 Form und Stellung des Relativsatzes

A)
J'aimerais voir le nouveau film **dont** on dit tant de bien.
Il a un drôle de titre *Titel* **que** j'ai oublié.
Il y est question d'une femme **qui** lutte contre l'alcoolisme.

B)
Le roman **dont** le scénario est tiré m'a fort impressionné(e).
L'actrice **qui** joue le rôle principal n'est pas encore connue.
Les critiques **que** j'ai lues parlent d'une nouvelle star.

- Der Relativsatz ist ein Nebensatz *(= dem Hauptsatz untergeordnet).*
- Er wird durch ein **Relativpronomen** eingeleitet (*qui/que/dont, etc.).*
- Er steht unmittelbar nach dem **Beziehungswort** *(d.h. nach dem Wort, das näher bestimmt wird).*
- Er folgt auf den Hauptsatz, wenn das Beziehungswort am Ende des Hauptsatzes steht *(Beispiele A).*
- Er unterbricht den Hauptsatz, wenn das Beziehungswort am Anfang des Hauptsatzes steht *(Beispiele B).*

3 Die einfachen Relativpronomen: qui/que/dont

Ü. 134–138

Der Unterschied zwischen «qui» und «que»

J'ai perdu une caméra. Cette caméra vaut plus de 1000 francs.
Elle vaut plus de 1000 francs.
J'ai perdu une caméra **qui** vaut plus de 1000 francs.

qui = Subjekt des Relativsatzes
(wer oder was ist mehr als 1000 Fr. wert?)

J'ai perdu une caméra. Luc m' a prêté cette caméra.
Luc me l' a prêtée.
J'ai perdu la caméra **que** Luc m' a prêtée.

que = Complément direct des Relativsatzes
(wen oder was hat mir Luc geliehen?)
«que» steht immer vor dem Subjekt (Luc).

Vorsicht beim Relativsatz mit «que»!

Le mouchoir **que** j'ai perdu …	La clé **que** j'ai perdue …
Les mouchoirs **que** j'ai perdus …	Les clés **que** j'ai perdues …

Nach dem Relativpronomen «que» ist das Participe passé veränderlich. → **55, 57**

Das Relativpronomen «dont»

Qui est Victor Hugo?

… un poète **dont** **le nom** est célèbre.	*dessen Name …*	(le nom	**de** ce poète)
… un poète **dont** j'admire **les poèmes** .	*dessen Gedichte …*	(les poèmes	**de** ce poète)
… un poète **dont** on **parlera** toujours.	*von dem …*	(parler	**de** ce poète)
… un poète **dont** la France peut être **fière** .	*auf den …*	(fier/fière	**de** ce poète)

Das Relativpronomen **«dont»** ersetzt die Wortgruppe: .... **de** + nom

D>F **Vorsicht beim Übersetzen aus dem Deutschen:**

ein Dichter, **dessen** **Gedichte** mir gefallen
un poète **dont** **les poèmes** me plaisent

Les poèmes ist Subjekt des Relativsatzes. Es steht direkt hinter **dont**.

ein Dichter, **dessen** **Gedichte** **ich** bewundere
un poète **dont** **j'** admire **les poèmes**

Les poèmes ist Complément direct des Relativsatzes. Es darf nicht direkt hinter **dont** stehen, weil dieser Platz durch das Subjekt «je» besetzt ist.

Im Unterschied zum Deutschen steht nach **dont** immer zuerst das **Subjekt** und dann erst das **Complément direct.**

4 Die zusammengesetzten Relativpronomen Ü. 138–139

Sie werden hauptsächlich nach einer Präposition verwendet.

Einfaches Relativpronomen oder	**zusammengesetztes Relativpronomen?**
une amie **sur qui** je peux compter	une amitié **sur laquelle** je peux compter
le copain **avec qui** je travaille	l'outil *Werkzeug* **avec lequel** je travaille
des gens **pour qui** j'ai beaucoup de sympathie	des idées **pour lesquelles** j'ai beaucoup de sympathie
les personnes **à qui** il pense	les films **auxquels** il pense

Präposition + qui nur für **Personen**
avec qui
pour qui *etc.*

Präpositionen + lequel für **Sachen***
avec lequel
pour lequel *etc.*

* *in gepflegter Sprache auch für Personen*

Die Formen des zusammengesetzten Relativpronomens

Nach einfachen Präpositionen: avec, sans, dans, *etc.*		Nach Präpositionen mit **«de»**: à l'aide de, près de, à côté de, au milieu de, *etc.*		Nach **«à»** und **«grâce à»** *(= dank)*	
avec **le**quel	pour **la**quelle	près **du**quel	à droite de laquelle	(grâce) **au**quel	(grâce) à laquelle
sans **les**quels	contre **les**quelles	au milieu **des**quels	à côté **des**quelles	(grâce) **aux**quels	(grâce) **aux**quelles

5 «Où» als Relativpronomen

La table	**à laquelle**	je travaille …	*oder*	La table	**où**	je travaille …
La maison	**dans laquelle**	j'habite	*oder*	La maison	**où**	j' habite …

«Où» kann **Präposition + lequel/laquelle** ersetzen, wenn es sich um eine Ortsangabe handelt.

6 Das Relativpronomen «ce qui/ce que» sowie «tout ce qui/tout ce que» Ü. 140–141

Der Unterschied zwischen «qui/que» und «ce qui/ce que»

Hauptsatz		**Relativsatz**	
	Beziehungswort		*Beziehungswort:*
N'oublie pas de ranger	les affaires	**qui** sont sur la table.	les affaires
N'oublie pas de ranger	....	**ce qui** est sur la table.	*es fehlt*
N'oublie pas de ranger	....	**tout ce qui** est sur la table.	*es fehlt*
N'oublie pas de ranger	les affaires	**que** tu as laissées sur la table.	les affaires
N'oublie pas de ranger	....	**ce que** tu as laissé sur la table.	*es fehlt*
N'oublie pas de ranger	....	**tout ce que** tu as laissé sur la table.	*es fehlt*

Wenn das *Beziehungswort* im Hauptsatz fehlt, wird **qui/que** durch **ce qui/ce que** *(= was)* ersetzt.
Ce qui/ce que kann durch **tout** verstärkt werden. *(= alles was)*

Es gibt auch ein Relativpronomen **ce dont:**

N'oublie pas d'emporter les choses **dont** tu as besoin. (avoir besoin **de**)
N'oublie pas d'emporter .... **ce dont** tu as besoin.
N'oublie pas d'emporter .... **tout ce dont** tu as besoin.

Récapitulation Ü. 142–144

Vom Adjektiv zum Adverb der Art und Weise

D>F **Das Problem erkennen:**

Paul wird ihr eine **furchtbare** Szene machen.	Paul lui fera une scène **terrible.**
Denn er ist **furchtbar** eifersüchtig.	Car il est **terriblement** jaloux.
Seine Eifersucht ist wirklich **furchtbar.**	Sa jalousie est vraiment **terrible.**
Lili leidet **furchtbar** darunter.	Lili en souffre **terriblement.**

Im Deutschen:
Viermal dasselbe Wort.

Im Französischen:
Zweimal terrible = Adjektiv
Zweimal terriblement = Adverb

Das Deutsche **unterscheidet nicht** zwischen Adjektiv und Adverb der Art und Weise.

Das Französische **unterscheidet** zwischen **Adjectif** und **Adverbe** de manière.

1 Aufgabe und Form des Adjektivs

Das Adjektiv dient der Beschreibung.
Es bezeichnet Eigenschaften von **Personen** oder von **Sachen.**

Das Adjektiv richtet sich in Geschlecht und Zahl nach dem Nomen, das es beschreibt.

un monsieur	élégant	une dame	élégante
un costume	élégant	une robe	élégante
des messieurs	élégants	des dames	élégantes
des costumes	élégants	des robes	élégantes

Zur weiblichen Form des Adjektivs → **98–91**
Zur Mehrzahl der Adjektive auf -al → **93**

2 Die Stellung des Adjektivs

Ü. 145

2.1 Meistens steht das Adjektiv direkt beim Nomen.

	Einige kurze, häufig verwendete Adjektive stehen **vor dem Nomen.**		Die meisten Adjektive stehen **hinter dem Nomen.**
une	**grande** **petite**	voiture	**française**
un	**joli** **beau**	pull	**violet**
un	**bon** **mauvais**	roman	**policier**
un	**jeune** **vieux** **gros**	monsieur	**blond**
un	**long**	chemin	**pierreux**
une	**haute**	tour	**carrée**
une	**nouvelle**	route	**nationale**
la	**première** **dernière**	guerre	**mondiale**

Steht ein normalerweise nachgestelltes Adjektiv **vor dem Nomen**, bekommt es **eine gefühlsmässige Nuance:**

sachliche Feststellung:

un tableau **magnifique**
un repas **excellent**

gefühlsbetonte Aussage:

un **magnifique** tableau
un **excellent** repas

Die folgenden Adjektive wechseln mit ihrer Stellung auch ihre Bedeutung.

un	**grand**	homme		*gross, berühmt*
un		homme	**grand**	*gross gewachsen*
cette	**pauvre**	femme		*arm, bedauernswert*
une		femme	**pauvre**	*arm, mittellos*
mes	**chers**	amis		*lieb*
une		voiture	**chère**	*teuer*
un	**sale**	caractère		*mies, schlecht*
des		vêtements	**sales**	*schmutzig*
notre	**ancien**	voisin		*ehemalig*
des		meubles	**anciens**	*alt, antik*
une	**drôle d'**	histoire		*seltsam, eigenartig*
une		histoire	**drôle**	*lustig, komisch*
une	**seule**	femme		*einzig*
une		femme	**seule**	*einsam*
de mes*	**propres**	mains		*eigen*
des		mains	**propres**	*sauber*

** immer mit Possessivbegleiter (mon, ton, etc.)*

2.2 Gelegentlich ist das Adjektiv auch mit einem Verb verbunden:

- Mit dem Verb **être** (oder einem verwandten Verb), wenn es sich auf das **Subjekt** bezieht

être	*sein*		La situation est **délicate.**
paraître	*scheinen*	*(offenbar so sein)*	La situation paraît **délicate.**
sembler	*scheinen*	*(scheinbar so sein)*	La situation semble **délicate.**
rester	*bleiben*	*(immer noch so sein)*	La situation reste **délicate.**
devenir	*werden*	*(anfangen so zu sein)*	La situation devient **délicate.**

- Mit bestimmten andern Verben, wenn sie sich aufs Complément direct beziehen.

laisser	*lassen*	Laisse ces enfants **tranquilles.** Laisse-les **tranquilles.**
rendre	*machen*	Il rend son amie **heureuse.** Il la rend **heureuse.**
trouver	*finden*	Je trouve ces règles **difficiles.** Je les trouve **difficiles.**

3 Die Bildung des Adverbs der Art und Weise

Ü. 148

Das Adverb wird vom Adjektiv abgeleitet. Aber im Unterschied zum Adjektiv ist es immer **unveränderlich.**

3.1 Regelmässige Bildung

	Adjektiv		Adverb
Féminin des Adjektivs **+ ment**	gratuit	gratuite	gratuite **ment**
	sérieux	sérieuse	sérieuse **ment**
	actif	active	active **ment**
	régulier	régulière	régulière **ment**

3.2 Unregelmässige Bildung

Masculin des Adjektivs + ment, wenn das Adjektiv auf Vokal endet

poli	polie	poliment	ABER:		
absolu	absolue	absolument	gai	gaie	gaiement
vrai	vraie	vraiment			

Adverbien auf -amment oder -emment, wenn das Adjektiv auf -ant oder -ent endet

suffisant	suffisante	suffisamment	intelligent	intelligente	intelligemment
constant	constante	constamment	différent	différente	différemment
méchant	méchante	méchamment	violent	violente	violemment
élégant	élégante	élégamment	prudent	prudente	prudemment
bruyant	bruyante	bruyamment	évident	évidente	évidemment
laut, geräuschvoll			ABER:		
			lent	lente	lentement

Adverbien auf -ément

énorme	énorme	énormément
immense	immense	immensément
précis	précise	précisément
profond	profonde	profondément
aveugle	aveugle	aveuglément *blindlings*

Sonderformen

gentil	gentille	gentiment	rapide	rapide	**vite**
bon	bonne	**bien**			*oder* rapidement
meilleur	meilleure	**mieux**			
mauvais	mauvaise	**mal**			

4 Aufgabe und Stellung des Adverbs der Art und Weise

Ü. 146–151

Meistens gehört das **Adverb** – wie sein Name sagt – zu einem **Verb:**

Verb	Adverb
Il travaille.	*Comment?*
Il travaille	**soigneusement.**
Elle rit.	*Comment?*
Elle rit	**méchamment.**
Le train avance.	*Comment?*
Le train avance	**lentement.**
Il nous ont salués.	*Comment?*
Il nous ont salués	**gentiment.**

Einige Adverbien dienen zur Verstärkung eines **Adjektivs:**

Adverb	Adjektiv
complètement	fou
absolument	faux
énormément	grand
immensément	riche
terriblement	jaloux
profondément	triste
constamment *ständig*	malade
follement	amoureux

5 Adverbien in Adjektivgestalt

Ü. 149

Einige Adverbien haben in Verbindung mit bestimmten Verben die **Form des männlichen Adjektivs**. Hier die wichtigsten Beispiele:

bas/ haut	parler bas/haut	*leise/laut*
	lire tout bas	*ganz leise*
	voler bas/haut	*tief/hoch*
bon/ mauvais	sentir bon/mauvais	*... riechen*
	tenir bon	*durchhalten*
cher	coûter cher	*viel kosten/ teuer sein*
	payer/acheter cher	*viel zahlen teuer bezahlen*
dur	travailler dur	
lourd	peser lourd	*schwer sein/wiegen*
faux/ juste	chanter faux/juste	
	faire faux/juste	
	écrire faux/juste	
	répondre faux/juste	
	deviner juste	
fort	parler fort	*laut*
	crier fort	
	sentir fort	*stark riechen*
gros/ petit	écrire gros/petit	
	gagner gros	*sehr viel verdienen*
	risquer gros	*viel riskieren*
rouge	se fâcher tout rouge	*in Wut geraten*

6 Der Vergleich bei Adjektiv und Adverb / La comparaison Ü. 150–151

	Est-ce qu'il est **prudent** ?	Est-ce qu'il conduit **prudemment** ?
Komparativ:		
mehr	Il est **plus** prudent **que** moi.	Il conduit **plus** prudemment **que** moi.
gleich	Il est **aussi** prudent **que** toi.	Il conduit **aussi** prudemment **que** toi.
weniger	Il est **moins** prudent **que** Max.	Il conduit **moins** prudemment **que** Max.
Superlativ: **am meisten**	Eve est **la plus** prudente de nous tous. *die Vorsichtigste (veränderlich)*	Elle conduit **le plus** prudemment. *am vorsichtigsten (unveränderlich)*
am wenigsten	Guy est **le moins** prudent de nous tous. *der Unvorsichtigste*	Il conduit **le moins** prudemment.

Beachte beim Superlativ

Vorangestellte Adjektive: **le plus grand** menteur
la plus belle ville

Nachgestellte Adjektive: **le** train **le plus rapide**
la voiture **la plus rapide**

Der Artikel muss nach dem Nomen wiederholt werden.

Sonderformen bei «bon/bien»

Komparativ:	En maths, tu es **meilleur(e)** que moi.	En maths, tu travailles **mieux que** moi.
Superlativ:	En chimie, je suis **le meilleur** de tous. **la meilleure** de tous. *der/die Beste (veränderlich)*	Je travaille **le mieux.** *am besten (unveränderlich)*

Die Umstandsangaben

1 Von der Präposition über das Adverb zur Konjunktion

Ü.152–154

Was können wir den folgenden Mitteilungen entnehmen und was nicht?

Jean viendra. – Nadine joue. – Guy me parle. – Aline pleure. – M. Brun fait du ski. – Eve exagère.

Wir erfahren, w e r etwas tut und w a s er tut.
Aber wir erfahren nichts über die **näheren Umstände des Geschehens**.

Wann	geschieht es?	Es fehlt eine Angabe der	**Zeit.**
Wo	geschieht es?	Es fehlt eine Angabe des	**Ortes.**
Wie	geschieht es?	Es fehlt eine Angabe der	**Art und Weise.**
Warum	geschieht es?	Es fehlt eine Angabe des	**Grundes.**
Trotz	welchem Gegengrund geschieht es?	Es fehlt eine Angabe des	**Gegengrundes.**
Wozu	geschieht es?	Es fehlt eine Angabe des	**Ziels** oder **Zwecks.**

1.1 Umstandsangaben können aus einer Wortgruppe, einem Wort oder einem Satz bestehen:

		eine Wortgruppe, eingeleitet durch eine **Präposition**	ein einzelnes Wort = **Adverb**	ein Nebensatz, eingeleitet durch **eine Konjunktion**
Zeit:	Il viendra	**après** le repas.	… **bientôt.**	… **quand** il aura mangé.
Ort:	Elle joue	**dans** le jardin.	… **dehors.**	
Art + Weise:	Il me parle	**avec** bonté.	… **gentiment.**	… **comme** s'il était mon père.
Grund:	Elle pleure	**à cause de** toi.		… **parce que** tu lui as fait mal.
Gegengrund:	Il fait du ski	**malgré** son âge.		… **bien qu'** il ait déjà 70 ans.
Ziel/Zweck	Elle exagère	**pour** me faire peur.		… **pour que** je m'inquiète.

1.2 Manchmal sehen Adverb, Präposition und Konjunktion im Französischen gleich oder ähnlich aus:

	Präposition	Adverb	Konjunktion
Je te verrai	**avant** ton départ. *vor*	… **avant.** *vorher/zuvor*	… **avant que** tu partes. *bevor*
Il est venu	**après** le repas. *nach*	… **après.** *nachher/später*	… **après que** j'avais mangé. *nachdem*
Je suis seul	**depuis** mon retour. *seit*	… **depuis.** *seither*	… **depuis que** je suis rentré. *seit, seitdem*
Je serai là	**pendant** ton absence. *während*		… **pendant que** tu seras absent. *während*
J'attendrai	**jusqu'à** la fin. *bis zu*		… **jusqu'à ce que** tout soit fini. *bis*
Je le ferai	**dès** mon arrivée. *gleich bei*		… **dès que** je serai arrivé. *sobald*
Il l'a fait	**sans** ma permission. *ohne*		… **sans que** je le permette. *ohne dass*
On partira	**malgré** la pluie. *trotz*		… **malgré qu'**il pleuve. *obwohl*

1.3 Bei Ortsangaben sind Präposition und Adverb gleich oder fast gleich:

(Es gibt keine Konjunktionen des Ortes)

Präposition (vor einem Nomen)		**Adverb** (allein stehend)	
devant la maison	*vor*	Jean était assis **devant,**	*vorn*
derrière la maison	*hinter*	et moi **derrière.**	*hinten*
au-dessus de la ville	*oberhalb/über*	Les Plon habitent **au-dessus,**	*oben*
au-dessous de la ville	*unterhalb/unter*	et nous **au-dessous.**	*unten*
		Tu vois la poste?	
à côté de la poste	*neben*	La boulangerie est **à côté,**	*daneben/nebenan*
en face de la poste	*gegnüber*	et l'épicerie **en face.**	*gegenüber*
loin de la ville	*weit von*	Tu habites **loin?**	*weit von hier*
près de la ville	*in der Nähe*	Non, tout **près.**	*ganz in der Nähe*

Beachte die Adverbien *dedans, dessus, dessous*

Präposition	**Adverb**	
Qu'est-ce qu'il y a **dans** cette caisse?	Rien. Il n'y a rien **dedans.**	*darin*
Tu es assise **sur** ton écharpe.	– Où est mon écharpe? – Tu es assise **dessus.**	*darauf*
J'ai retrouvé le billet de 100 francs **sous** un journal.	J'ai soulevé le journal: l'argent était **dessous.**	*darunter*

2 Die Wahl der richtigen Präposition

Ü. 154–155

D>F

2.1 Das Problem erkennen

Etwas vom Schwierigsten in einer Fremdsprache ist die Wahl der **richtigen Präposition**.
Das soll der folgende Sprachvergleich zeigen:

Je vais	**à**	la forêt.		*Ich gehe* **in**	*den Wald.*
	à	la poste.		**auf**	*die Post.*
	à	Paris.	**à**	**nach**	*Paris.*
	à	la fenêtre.		**ans**	*Fenster.*
	au	travail.		**zur**	*Arbeit.*

«Warum wird **«à»** *nicht jedesmal mit derselben deutschen Präposition wiedergegeben?» fragt sich der französischsprachige Lerner.*
Es bleibt ihm nichts anderes übrig, als jedes einzelne Beispiel zu lernen.

être	**sur**	la table		**auf**	*dem Tisch sein*
	dans	la rue		**auf**	*der Strasse sein*
	à	la banque	**auf**	**auf**	*der Bank sein*
	en	voyage		**auf**	*Reisen sein*
	de	l'autre côté		**auf**	*der andern Seite sein*

<u>Keine</u> Regel sagt dem deutschsprachigen Lerner, wann er «auf» mit «sur» übersetzen darf und wann nicht.
Er muss sich alle Beispiele, die vom Deutschen abweichen, einzeln einprägen.

Die Wahl der richtigen Präposition ist also weniger eine Sache des Verstehens als des **Gedächtnisses** und der **Gewöhnung.** Je mehr man eine Fremdsprache hört, liest und selber spricht, desto sicherer wird man.

2.2 Zeitangaben: einige Lernhilfen

«avant» oder «il y a»?

Die Präpositionen *«avant»* und *«il y a»* entsprechen im Deutschen beide der Präposition *«vor»*. Deshalb werden sie von Deutschsprachigen gerne verwechselt.

Die Bedeutung von **«avant»** lässt sich am besten mit der Skizze einer Zeitstrecke erklären:

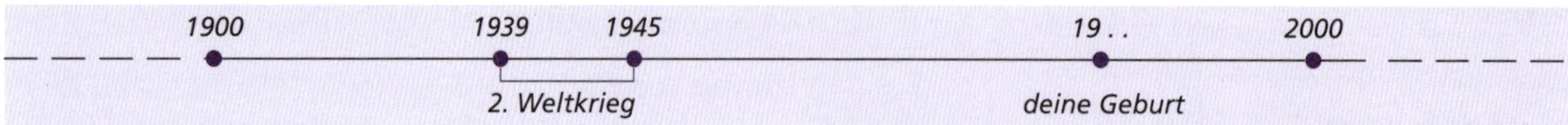

Irgendwann
- *links von 1939 ist* **«avant** la guerre»
- *links von deiner Geburt ist für dich* **«avant** ma naissance»

Irgendwann
- *rechts von 1945 ist* **«après** la guerre»
- *rechts von deiner Geburt ist für dich* **«après** ma naissance»

avant + Zeitpunkt = auf der Zeitstrecke irgendwo **links** von diesem **Zeitpunkt**

après + Zeitpunkt = auf der Zeitstrecke irgendwo rechts **von diesem Zeitpunkt**

Die Bedeutung von «il y a» *(vor)*

Wenn Jemand am 29. August 2004 um 12h mittags sagt: … meint er damit:

il y a 2 minutes	*um 11h 58*
il y a 2 heures	*um 10h*
il y a 2 jours	*am 27. August*
il y a 2 semaines/15 jours	*am 15. August*
il y a 2 mois	*im Juni*
il y a 2 ans	*im Jahr 2002*
il y a 2 siècles	*im 19. Jahrhundert*

«il y a» + Zeitdauer gibt an, wie weit man auf der Zeitstrecke vom Punkt «jetzt» in die Vergangenheit zurückgehen muss.

«dans» oder «en» ?

Die Präpositionen *«dans»* und *«en»* entsprechen im Deutschen beide der Präposition *«in»*. Deshalb werden sie von Deutschsprachigen gern verwechselt.

dans 2 heures:	*von jetzt an in 2 Stunden*
dans 2 jours	*heute in 2 Tagen*
dans 2 semaines:	*heute in 2 Wochen*
dans 2 mois:	*im übernächsten Monat*
dans 2 ans:	*im übernächsten Jahr*

Elle est devenue blanche **en** une seule nuit.
Es brauchte dazu nur eine Nacht.

L'auteur a écrit ce roman **en** 10 mois.
Er war 10 Monate an der Arbeit.

Cette cathédrale a été construite **en** 20 ans.
20 Jahre wurde daran gebaut.

Mit **«dans» + Zeitdauer** wird angegeben, wie weit man vom gegenwärtigen Augenblick auf der Zeitstrecke in die Zukunft gehen muss.
«Dans 20 ans» ist also das Gegenteil von *«il y a 20 ans»*.

Eine Zeitangabe mit **«en»** zeigt an, wieviel Zeit eine Handlung oder ein Geschehen beansprucht.
= **Zeitdauer**

«En ce moment» oder «à ce moment-là»?

en ce moment:	in diesem Augenblick/im Augenblick, wo ich spreche
à ce moment-là:	in diesem/jenem Augenblick der Vergangenheit oder der Zukunft

Die Präposition in Kalenderangaben

Monat

en avril /	**au** mois d'avril
en juillet /	**au** mois de juillet
en octobre /	**au** mois d'octobre
en janvier /	**au** mois de janvier
en …	**au** mois de …

Jahreszeit

au printemps
en été
en automne
en hiver

au *vor Konsonat*
en *vor Vokal*

Jahr

en 2005
seltener: **en** l'an 2005

en …

2.3 Ortsangaben: einige Lernhilfen

Haus, Strasse, Platz

zu Hause / nach Hause

Je suis	**à**	la maison.	*oder:* …	**chez**	moi.
Tu vas	**à**	la maison?	*oder:* …	**chez**	toi?
Elle est	**à**	la maison.	*oder:* …	**chez**	elle.
Il rentre	**à**	la maison.	*oder:* …	**chez**	lui.
			usw. mit …	**chez**	nous / vous / eux / elles

von zu Hause

Je viens	**de chez**	moi.
Tu viens	**de chez**	toi?
Elle vient	**de chez**	elle.
Il vient	**de chez**	lui.
usw. mit …	**de chez**	nous / vous / eux / elles

dans	la maison	*im Hause drin*
dans	l'escalier	*auf der Treppe/im Treppenhaus*
dans	la rue	*auf der Strasse*

ABER:

sur la route / **sur** l'autoroute
sur le boulevard / **sur** l'avenue
sur la place

Geographische Namen (à … / en … / dans …) Ü. 155

Ortschaften

…	être à …	venir de …	Le …	être au …	venir du …	Les …	être aux …	venir des …
Paris	**à** Paris	**de** Paris	**Le** Havre	**au** Havre	**du** Havre	**Les** Beaux	**aux** Beaux	**des** Beaux
Lyon	**à** Lyon	**de** Lyon	**Le** Mans	**au** Mans	**du** Mans	**Les** Diablerets	**aux** Diablerets	**des** Diablerets
Bordeaux	**à** Bordeaux	**de** Bordeaux	**Le** Locle	**au** Locle	**du** Locle	**Les** Brenets	**aux** Brenets	**des** Brenets

Regionen, Länder, Erdteile

la/l' …	être en …	venir de …	le …	être dans le/au …	venir du …	les …	être dans les/aux …	venir des …
la Bretagne	**en** Bretagne	**de** Bretagne	**le** Jura	**dans le** Jura*	**du** Jura	**les** Grisons	**dans les** Grisons*	**des** Grisons
la Normandie	**en** Normandie	**de** Normandie	**le** Midi	**dans le** Midi	**du** Midi			
la Provence	**en** Provence	**de** Provence	**le** canton de Vaud	**dans le** canton de Vaud	**du** canton de Vaud			
la France	**en** France	**de** France	**le** Portugal	**au** Portugal	**du** Portugal	**les** Pays-Bas	**aux** Pays-Bas	**des** Pays-Bas
l' Italie	**en** Italie	**d'** Italie	**le** Danemark	**au** Danemark	**du** Danemark	**les** U.S.A.	**aux** U.S.A.	**des** U.S.A.
l' Allemagne	**en** Allemagne	**d'** Allemangne	**le** Canada	**au** Canada	**du** Canada	**les** Etats-Unis	**aux** Etats-Unis	**des** Etats-Unis
l' Europe	**en** Europe	**d'** Europe						
l' Afrique	**en** Afrique	**d'** Afrique						
l' Amérique	**en** Amérique	**d'** Amérique						
l' Asie	**en** Asie	**d'** Asie						
l' Australie	**en** Australie	**d'** Australie						

* auch «**au** Jura»

* auch «**aux** Grisons»

2.4 Angaben der Art und Weise / des Mittels : Einige Lernhilfen

Fortbewegungsmittel

en = *man ist «darin»*		à = *man ist «darauf»*
en voiture/auto	**en** tram	**à** pied
en taxi	**en** train	**à** cheval
en (auto)bus	**en** avion	**à** bicyclette / **en** bicyclette
en (auto)car	**en** bateau	**à** vélo / **en** vélo
en camion	**en** canoë	**à** moto / **en** moto
		à ski / **en** ski

Schreiben mit … = à …

écrire	**au**	stylo
	au	crayon
taper	**à l'**	ordinateur

(sich) waschen mit … = à …

(se) laver	**à l'**	eau froide/chaude
	au	savon
laver qch	**à la**	machine

Körperbewegung: «de»

Il s'est levé	**du**	pied gauche, aujourd'hui.	*Er ist heute mit dem linken Bein aufgestanden.*
montrer qch	**du**	doigt	*mit dem Finger auf etwas zeigen*
faire oui	**de la**	tête	*mit dem Kopf nicken*
faire non	**de la**	tête	*den Kopf schütteln*

Récapitulation Ü.157

3 Infinitiv oder Nebensatz?

Ü.156–157

Wenn Haupt- und Nebensatz dasselbe Subjekt haben, wird der Nebensatz meist zu **Präposition + Infinitiv** verkürzt.

Je voulais absolument voir ce film avant que je parte en vacances.	avant que …
Je voulais absolument voir ce film **avant de** **partir** en vacances.	avant **de** + Inf. présent
J'ai téléphoné à mon ami .... après que j'avais vu ce film.	après que …
J'ai téléphoné à mon ami .... **après** **avoir vu** ce film.	après + Inf. passé
Je lui ai téléphoné .... pour que je connaisse son avis.	pour que …
Je lui ai téléphoné .... **pour** **connaître** son avis.	pour + Infinitif
J'ai composé le numéro mille fois sans que je réussisse à l'atteindre.	sans que …
J'ai composé le numéro mille fois **sans** **réussir** à l'atteindre.	sans + Infintif

Die Zahlwörter / Les nombres

1 Die Grund- oder Kardinalzahlen

0 – 19		Zehner	Zehner + 1	Zehner + 2, 3, 4, 5
0 zéro	10 dix			
1 un	11 onze	10 dix		
2 deux	12 douze	20 vingt	21 vingt **et** un	22 vingt-deux
3 trois	13 treize	30 trente	31 trente **et** un	32 trente-deux
4 quatre	14 quatorze	40 quarante	41 quarante **et** un	42 quarante-deux
5 cinq	15 quinze	50 cinquante	51 cinquante **et** un	52 cinquante-deux
6 six	16 seize	60 soixante	61 soixante **et** un	62 soixante-deux
7 sept	17 dix-sept	70 septante*	71 septante **et** un*	72 septante-deux*
8 huit	18 dix-huit	80 quatre-vingts	81 quatre-vingt-un	82 quatre-vingt-deux
9 neuf	19 dix-neuf	90 nonante*	91 nonante et un*	92 nonante-deux*
		100 cent	*aber:* 101 cent un	102 cent deux

Die nur in der französischen Schweiz und in Belgien verwendeten Zahlen sind mit * gekennzeichnet.

80: Im Waadtland hört man statt «quatre-vingts» auch: **«huitante».**

Zur Schreibweise von 80 und 100, 200

Mit Endungs-s	ohne Endungs-s
80 quatre-vingt**s**	81, 82 ...quatre-vingt-un
200 deux cent**s**	201, 202 ... deux cent un
300 trois cent**s**	301, 302 ... trois cent un
400 quatre cent**s**	401, 402 ... quatre cent un
Die Zahl endet auf **Null: -s**	Die Zahl endet **nicht auf Null:** kein -s

Die 70er und 90er in Frankreich:

70 soixante-dix	90 quatre-vingt-dix
71 soixante **et** onze	91 quatre-vingt-onze
72 soixante-douze	92 quatre-vingt-douze
73 soixante-treize	93 quatre-vingt-treize
74 soixante-quatorze	94 quatre-vingt-quatorze
75 soixante-quinze	95 quatre-vingt-quinze
76 soixante-seize	96 quatre-vingt-seize
77 soixante-dix-sept	97 quatre-vingt-dix-sept
78 soixante-dix-huit	98 quatre-vingt-dix-huit
79 soixante-dix-neuf	99 quatre-vingt-dix-neuf

Die Tausender und Millionen

1 000 mille	1 000 000 un million **de** francs
2 000 deux mille	2 000 000 deux million**s** **d'** habitants
3 000 trois mille	3 000 000 trois million**s** **d'** enfants
etc.	etc.
unveränderlich ohne Mehrzahl-s	Beachte das anschliessende **de** und das **Mehrzahl-s**

2 Die Ordnungs- oder Ordinalzahlen

1. – 5.		6., 7, etc.
le 1er	le premier	alle weiteren Ordnungszahlen setzen sich zusammen aus:
la 1ère	la première	
le/la 2^{e}	le/la deuxième	**Grundzahl + ième**
oder le 2nd	le second	
la 2nde	la seconde	
le/la 3^{e}	le/la troisième	
le/la 4^{e}	le/la quatrième	
le/la 5^{e}	le/la cinquième	

Beachte:

- Das Endungs-**e** der Grundzahl fällt aus: *le onzième, le trentième*
- Das **-f** von *neuf* wird zu **-v**: *le neuvième, le dix-neuvième, etc.*
- Das **un** in 21e, 31e, etc. wird gesprochen wie *une: le trente et unième.*

3 Zum Gebrauch von Grund- und Ordnungszahlen

3.1 Datum

le 1er janvier: le premier …
le 2 janvier: le deux …
le 15 janvier: le quinze …
etc.

Herrschernamen

François Ier : … premier
Napoleon III : … trois
Louis XIV : … quatorze

Ordnungszahl für den **Ersten**
In allen andern Fällen: **Grundzahl**

3.2 Brüche und Dezimalzahlen

Zähler: Grundzahl
Nenner: Ordinalzahl

$\frac{3}{8}$ trois huitièmes $\frac{4}{5}$ quatre cinquièmes **4,32** quatre virgule trente-deux

$\frac{1}{4}$ un quart $\frac{1}{3}$ un tiers $\frac{1}{2}$ un demi

$\frac{3}{4}$ trois quarts $\frac{2}{3}$ deux tiers $1\frac{1}{2}$ un et demi

D>F $\frac{1}{4}$ Jahr = trois mois $\frac{1}{2}$ Jahr = six mois $\frac{3}{4}$ Jahr = neuf mois

Beachte: 1/2: une demi-heure *(vor dem Nomen)* **unveränderlich mit Bindestrich** 1 1/2: une heure et demie *(hinter dem Nomen)* **veränderlich ohne Bindestrich**

4 Schätzungszahlen

une diz**aine**	*etwa 10*	une vingt**aine**	*etwa 20*	une cent**aine**	*etwa 100*
une douz**aine**	*ein Dutzend*	une trent**aine**	*etwa 30*	…	…
une quinz**aine**	*etwa 15*	une …	…		

Plus de/moins de dient für ungefähre Zahlenangaben.

Il a dépensé **plus de** 50 francs. — *mehr als/über 50 Fr.*
Cette ville a **moins de** 20 000 habitants. — *weniger als 20 000 Einw.*
les **moins de** vingt ans — *junge Leute unter 20*
les **plus de** 80 ans — *alte Leute über 80*

Diese ungefähren Zahlenangaben sind nicht zu verwechseln mit dem **Vergleich: plus/moins que. → 117**

Une côtelette coûte **plus que** 2 saucisses. = Preis**vergleich**
Il mangera **plus de** 2 saucisses. = **ungefähre Zahl**: *mindestens 3 (oder mehr)*

Komma – Silbentrennung – Accent aigu

1 Der Gebrauch des Kommas

D>F Im Deutschen hängt die Kommasetzung vom grammatischen Aufbau des Satzes ab. Nur in wenigen Fällen hat der Schreibende seit der Orthographiereform eine gewisse Entscheidungsfreiheit.

Im Französichen hat das Komma eine andere Aufgabe: es zeigt eine kurze **Sprechpause** an. Oft kann der Schreibende selbst entscheiden, ob er eine solche Pause wünscht oder nicht.
So z.B. bei *mais*

Je lui ai écrit, mais il n'a pas répondu.	Je lui ai écrit mais il n'a pas répondu.
↑ *Komma, da Sprechpause*	↑ *kein Komma, da keine Sprechpause*

Die folgende Regel für **Umstandsangaben** und **Nebensätze** wird jedoch fast immer eingehalten:

Anfangsstellung: Komma

Umstandsangaben:

Zeit:	Hier soir	,	j'étais très content.
Ort:	A Paris	,	j'ai rencontré Elise.
Art+Weise:	En rentrant	,	j'étais très fatigué.

Nebensätze

Depuis qu'il est parti	,	je suis seul.
Quand je suis seul	,	je m'ennuie.
Si tu es libre	,	viens me voir.

Endstellung: k e i n Komma

Umstandsangaben

J'étais très content	hier soir.
J'ai rencontré Elise	à Paris.
J'étais très fatigué	en rentrant.

Nebensätze

Je suis seul	depuis qu'il est parti.
Je m'ennuie	quand je suis seul.
Viens me voir	si tu es libre.
On m'a dit	que Luc est parti.
C'est un homme	qui aime l'aventure.
	dont on parle beaucoup.
	que les jeunes admirent.
kein Komma:	vor einem **QUE** *(dass)*-**Satz** vor einem **Relativsatz***

* *Die wenigen Ausnahmen sind hier nicht berücksichtigt*

2 Die Silbentrennung

Beim Trennen eines Wortes am Zeilenende ist zu beachten, dass **die neue Zeile mit Konsonant** beginnen muss.

Regel		Ausnahmen	
pla - cer sa - pin cou - rir pro - fond	Ein **einzelner Konsonant** kommt auf die nächste Zeile	fixer exact boxeur	Ist der einzelne Konsonant ein **-x-**, kann **nicht getrennt** werden.
plan - ter dor - mir comp - ter res - ter	Bei **2 oder 3 Konsonanten** kommt **der letzte** auf die neue Zeile	pro - blème gi - fler com - plet fé - vrier com - pris en - trer	Ist der letzte Konsonant ein **-r** oder ein **-l,** nimmt er den vorangehenden mit sich auf die neue Zeile.
chauf - fer col - ler don - ner pas - ser	**Doppelkonsonanten** werden **getrennt.**	ca - cher mé - thode élé - phant bai - gner	**ch**, **th**, **ph**, **gn** sind **untrennbar** und kommen **gemeinsam** auf die neue Zeile.

3 Der Gebrauch des Accent aigu

Das Wort **espérer** enthält dreimal ein «geschlossenes e» *(ein «e», das ausgesprochen wird wie das «e» in den deutschen Wörtern «See», «Weg», «Mehl»).*

Trotz **gleicher Aussprache** werden diese drei «e» **nicht gleich geschrieben:** das mittlere erhält einen Accent aigu (esp**é**rer), die andern haben keinen Accent (**e**spér**e**r).

Die folgende Regel erklärt, wann **é** und wann bloss **e** geschrieben wird.

Entscheidende Frage: Was folgt auf das geschlossene «e»?

Es folgt nichts mehr – oder ein Vokal → **é**

santé	agré able
canapé	thé orie
thé	ré alité

Es folgt 1 Konsonant → **é**

é cole
dé fendre
ré pondre
impé ratif
dé sagréable
bé ton

Ausnahme: → **e**

ex amen
ex emple
ex ercice

Es folgen 2 Konsonanten

Untrennbare Konsonanten → **é**

mé chant	ch	sind **untrennbar**
mé thode	th	
élé phant	ph	
ré gner	gn	

é crire	cr	*Konsonant* ***+r/l*** *sind* ***untrennbar***
cathé drale	dr	
é tranger	tr	
fé vrier	vr	
é clater	cl	
é glise	gl	
dé plaire	pl	

trennbare *Konsonanten* → **e**

ef fort	***Doppelkonsonanten*** *werden getrennt.*
excel lent	
es suyer	
net toyer	

es calier	*Zwei verschiedene Konsonanten werden getrennt, wenn der zweite nicht «r» oder «l» ist.*
des cendre	
es poir	
lec ture	
excep tion	
sep tante	

Es folgen 3 Konsonaten *(nur wenige Wörter)* → **e**

es clave	*Sklave*
des truction	*Zerstörung*
es prit	*Geist*

Am Silben**ende immer** **é**

Wenn die Silbe auf **Konsonant** endet, immer **e**

Mots et expressions pour la classe de français

2	**Le verbe et ses formes**	***Das Verb und seine Formen***
	La conjugaison/conjuguer	*Die Konjugation / konjugieren*
	«Rougir» se conjugue comme «finir».	*... wird konjugiert wie ...*
	une forme verbale	*eine Verbform*
	le thème / la terminaison	*der Verbstamm / die Endung*
	un verbe à trois thèmes	*... dreistämmig*
	-ons est une terminaison prononcée	*... eine ausgesprochene Endung*
	-ent est une terminaison muette	*... eine stumme Endung*
	les formes clés	*die Schlüsselformen*
	le nombre / la personne	*die Zahl / die Person*
	le singulier / au singulier	*die Einzahl / in der Einzahl*
	le pluriel / au pluriel	*die Mehrzahl / in der Mehrzahl*
	la première personne du singulier	*die 1. Person Einzahl*
	du pluriel	*Mehrzahl*
	à la 1re / 2e / 3e personne	*in der 1. / 2. / 3. Person*
	les temps	*die Zeiten*
	un temps simple / composé	*... einfach / zusammengesetzt*
	le présent / au présent	*die Gegenwart / in der Gegenwart*
	le passé / au passé	*die Vergangenheit / in der Vergangenheit*
	l'imparfait / à l'imparfait	*das Imperfekt / im Imperfekt*
	le passé composé / au passé composé	*das Perfekt / im Perfekt*
	le passé simple / au passé simple	*(keine Entsprechung im Deutschen)*
	le plus-que-parfait / au ...	*das Plusquamperfekt / im ...*
	le passé antérieur / au ...	*(keine Entsprechung im Deutschen)*
	le futur	*die Zukunft, das Futurum*
	le futur I (ou: le futur simple)	*das Futurum I*
	le futur II (ou: le futur antérieur)	*das Futurum II*
	le futur composé	*(keine Entsprechung im Deutschen)*
	les modes (le mode)	*die Aussageweisen, die Modi (der Modus)*
	l'indicatif / à l'indicatif	*der Indikativ / im ...*
	le conditionnel / au ...	*das Conditionnel / im ...*
	le subjonctif / au ...	*der Subjonctif / im ...*
	l'impératif / à l' ...	*der Imperativ / im ...*
	la formation des temps et des modes	*Die Bildung der Zeiten und Modi*
	un verbe régulier / irrégulier	*ein regelmässiges / unregelmassiges Verb*
	une forme régulière / irrégulière	*eine (un)regelmässige Form*
	«Prendre» est un verbe simple,	*... ein einfaches Verb*
	«Apprendre» est un verbe composé.	*... ein zusammengesetztes Verb*
	un verbe en -er / -ir / -re / -oir	*... auf ...*
	un groupe verbal / le groupe principal	*eine Verbgruppe / die Hauptgruppe*
	«Ouvrir» fait partie du groupe «cocos».	*... gehört zu ...*
28	**L'emploi des temps**	***Der Gebrauch der Zeiten***
	employer un temps	*... gebrauchen, verwenden*
	l'introduction	*die Einleitung*
	un tableau	*ein Bild*
	simultané / la simultanéité	*gleichzeitig / die Gleichzeitigkeit*
	expliquer / commenter / décrire	*erklären / kommentieren / beschreiben*
	L'action n'avance pas.	*Die Handlung geht nicht weiter.*
	le récit proprement dit	*die eigentliche Erzählung*
	la bande dessinée (la BD)	*die Bildgeschichte*
	l'action avance	*... schreitet voran*
	des actions successives/qui se suivent	*... aufeinander folgende Handlungen*
	Le passé simple s'emploie en langue écrite soignée.	*... in der gehobenen Schriftsprache*

36 **Le style direct / indirect**	***Die direkte / indirekte Rede***
la principale	*der Hauptsatz*
la subordonnée	*der Nebensatz*
Le verbe de la principale est à un temps du passé.	*Das Verb des Hauptsatzes steht in einer Zeit der Vergangenheit.*
Le décolage des temps	
une expression temporelle	*eine Zeitangabe*
le décolage des temps	*die Zeitverschiebung*
40 **L'emploi des modes**	***Der Gebrauch der Modi***
la réalité / réel, -elle	*die Wirklichkeit / wirklich*
la non-réalité	*die Nicht-Wirklichkeit*
imaginer qch	*sich etwas vorstellen / ausdenken*
Cela n'existe que dans l'imagination.	*... nur in der Vorstellung*
les lunettes du sentiment	*die Brille des Gefühls*
le désir, le souhait	*der Wunsch*
une invitation, une recommandation, un ordre	*eine Aufforderung, eine Empfehlung, ein Befehl*
Indicatif: ce qui est/ce qui était	*... was ist/was war*
Conditionnel I: ce qui pourrait être	*... was sein könnte*
Conditionnel II: ce qui aurait pu être	*... was hätte sein können*
42 **La phrase hypothétique**	***Der Bedingungssatz***
Dans la subordonnée introduite par si/wenn, il n'y a jamais le conditionnel.	*In dem durch si/wenn eingeleiteten Nebensatz steht nie das Conditionnel.*
une particularité du français	*eine Besonderheit...*
Le présent après «si» exprime une possibilité,	*Das Präsens nach «si» drückt eine Möglichkeit aus....*
l'imparfait et le plus-que-parfait expriment la non-réalité, l'irréalité.	*die Nicht-Wirklichkeit, die Unwirklichkeit.*
44 **Le subjonctif dans la proposition introduite par «que»**	***Der Subjonctif im que-Satz***
les verbes de sentiment	*... des Gefühls*
de volonté	*... des Wollens*
de la balance	*... der Waage*
les verbes impersonnels	*... unpersönlich*
constater qch, la constatation	*feststellen, die Feststellung*
objectif, -ive	*sachlich, objektiv*
la réalité vue objectivement	*... objektiv gesehen*
la réalité vue à travers les lunettes du sentiment	*... durch die Brille des Gefühls gesehen*
Le verbe exprime:	*Das Verb drückt aus:*
– l'étonnement	*– Verwunderung*
– l'amusement	*– Belustigung*
– le contentement, la joie	*– Zufriedenheit, Freude*
– le regret	*– Bedauern*
– le mécontentement, l'indignation	*– Unzufriedenheit, Empörung*
Le subjonctif automatique/non-automatique	***... automatisch/nicht automatisch***
des verbes qui déclenchent le subjonctif	*... die den Subjonctif auslösen*
les déclencheurs du subjonctif	*die Subjonctif-Auslöser*
Indicatif: c'est certain, la certitude	*... gewiss, die Gewissheit*
c'est vraisemblable, la vraisemblance	*... wahrscheinlich, die Wahrscheinlichkeit*
Subjonctif: c'est incertain, l'incertitude	*... ungewiss, die Ungewissheit*
c'est invraisemblable, l'invraisemblance	*... unwahrscheinlich, die Unwahrscheinlichkeit*
la forme affirmative	*die bejahende / bejahte Form*
négative	*... verneinende / verneinte...*
la forme interrogative	*die Frageform*

48	**Le subjonctif dans la proposition relative**	***Der Subjonctif im Relativsatz***
	le désir	*der Wunsch*
	l'exagération f.	*die Übertreibung*
	le superlatif	*der Superlativ*
49	**Le subjonctif après une conjonction**	**Der Subjonctif nach einer Konjunktion**
50	**Un verbe personnel** peut se mettre à toutes les personnes.	***Ein persönliches Verb*** *kann in alle Personen gesetzt werden.*
	Un verbe impersonnel est toujours à la 3e personne du singulier.	*Ein unpersönliches Verb ist immer in der 3. Person Einzahl.*
51	«S'appeler» est **un verbe pronominal.**	*... ist* ***ein Reflexivverb***
	«Appeler» est **un verbe non-pronominal.**	*... ein nicht reflexives Verb*
52	**Les verbes auxiliaires «avoir» et «être»**	***Die Hilfsverben ...***
	«Marcher» est conjugué avec «avoir».	*... wird mit «avoir» konjugiert*
	«Aller» est conjugué avec «être».	*... wird mit «être» konjugiert*
	«Se promener» est un verbe pronominal.	*... ein Reflexivverb*
	«Monter» a deux significations:	*... zwei Bedeutungen*
	– se déplacer soi-même	*– sich selbst von der Stelle bewegen*
	– déplacer quelque chose	*– etwas von der Stelle bewegen*
54	**L'accord du participe passé**	***Die Angleichung / Veränderlichkeit ...***
	Le participe passé	*Das Partizip Perfekt*
	– des verbes conjugués avec «avoir»	*– der mit «avoir» konjugierten Verben*
	– des verbes conjugués avec «être»	*– der mit «être» konjugierten Verben*
	– des verbes pronominaux	*– der Reflexivverben*
	Le participe est variable / invariable.	*... veränderlich / unveränderlich*
	Ce participe s'accorde en genre et en nombre	*... richtet sich in Geschlecht und Zahl*
	avec le sujet/	*nach dem Subjekt /*
	avec le complément direct qui précède.	*nach dem vorangehenden Complément direct*
58	**Le participe présent** s'emploie en langue écrite.	*... wird in der geschriebenen Sprache verwendet.*
	Il remplace une proposition relative	*... einen Relativsatz*
	ou une proposition causale.	*... einen Nebensatz des Grundes*
58	**Le gérondif** s'emploie souvent en langue parlée.	*... in der gesprochenen Sprache*
	Il exprime une simultanéité ou la manière.	*Er drückt eine Gleichzeitigkeit oder die Art und Weise aus.*
	Il se rapporte au passé quand le verbe conjugué est au passé.	*Es bezieht sich ...*
59	**L'actif:** le sujet agit	***Das Aktiv:*** *das Subjekt handelt*
	Le passif: le sujet subit l'action	***Das Passiv:*** *das Subjekt erduldet die Handlung*
	On ne conjugue que le verbe «être».	*... nur das Verb «être».*
	Le verbe principal est au participe passé	*Das Hauptverb steht im Participe passé.*
61	**L'interrogation**	***Die Frage***
	La phrase déclarative	*der Aussagesatz*
	l'ordre des mots	*die Wortfolge*
	L'interrogation par intonation	*die Intonationsfrage*
	le point d'interrogation	*das Fragezeichen*
	L'interrogation avec «est-ce que»	*die Est-ce que-Frage*
	L'interrogation par inversion:	*die Inversionsfrage:*
	le sujet se place après le verbe	*das Sujet steht hinter dem Verb*
	on intercale un -t/le t intercalé	*man schiebt ein t ein/das Bindungs-t*
	le trait d'union	*der Bindestrich*
	Le mot interrogatif	*das Fragewort*
	au début/à la fin de la phrase	*am Satzanfang/Satzende*
	La langue familière/de tous les jours	die Umgangssprache
	La langue soignée	die gepflegte Sprache

63	**La négation**	***Die Verneinung***
65	**La restriction** avec ne … que	***Die Einschränkung***
66	**La mise en relief**	***Die Hervorhebung***
	mettre en relief	*hervorheben, betonen*
67	**Le complément du verbe**	***Die Verbergänzung, das Objekt***
	compléter une phrase	*... ergänzen*
	le complément direct	*das Akkusativobjekt*
	le complément indirect avec de	*das Genitivobjekt oder Objekt mit von*
	le complément indirect avec à	*das Dativoblekt*
	le complément direct correspond à l'«Akkusativobjekt»	*… entspricht*
	«Oublier» et «vergessen» demandent un complément direct:	*… verlangen ein Complément direct:*
	ils ont la même construction.	*… dieselbe Konstruktion*
	«Suivre» demande un complément direct, «folgen» un complément indirect:	
	ils n'ont pas la même construction.	*… eine andere Konstruktion*
	des cas particuliers	*Sonderfälle*
	un verbe à plusieurs significations	*… mit mehreren Bedeutungen*
	contrairement à l'allemand	*im Unterschied zum Deutschen*
78	**L'infinitif**	***Der Infinitiv***
	Infinitif présent: courir	*Infinitiv Präsens*
	Infinitif passé: avoir couru	*Infinitiv Perfekt*
	«Décider» demande un infinitif avec de.	*… einen de-Infinitiv*
	«Apprendre» demande un infinitif avec à.	*… einen à-Infinitiv*
	«Désirer» demande un infinitif zéro.	*… einen Null-Infinitiv*
84	**Le nom et son déterminant**	***Das Nomen und sein Begleiter***
	Ils forment une unité.	*… bilden eine Einheit*
	le sexe, le genre	*das natürliche Geschlecht, grammatische Geschlecht*
	«groupe» est masculin	*… männlich*
	«planète» est féminin	*… weiblich*
	-age est un suffixe masculin	*… eine männliche Endsilbe*
	-ence est un suffixe féminin	*… eine weibliche Endsilbe*
	une exception: le silence	*eine Ausnahme …*
	Le mot «cage» se terrnine par -e;	*… endet auf -e;*
	«ag» fait partie du radical.	*«ag» gehört zum Wortstamm.*
	des choses concrètes	*konkrete Dinge*
	une idée abstraite	*ein abstrakter Begriff*
	«Bonté» est dérivé de l'adjectif «bon».	*… ist abgeleitet vom Adjektiv «bon»*
	-f devient -ve au féminin	*… wird zu …*
	On dit bel (au lieu de beau) devant un mot masculin qui commence par une voyelle.	*… das mit einem Vokal beginnt*
	le nombre: le singulier / le pluriel	*die Zahl: Einzahl / Mehrzahl*
	Au pluriel, le nom prend un -s.	*… bekommt ein -s*
	un pluriel régulier: les détails	*… regelmässig*
	un pluriel irrégulier: les travaux	*… unregelmässig*
	Le -f de «oeufs» ne se prononce pas.	*… wird nicht ausgesprochen*
94	**L'article défini/indéfini**	***Der bestimmte/unbestimmte Artikel***
	L'article partitif:	***Der Teilungsartikel:***
	la quantité est indéterminée.	*die Menge ist unbestimmt.*
	Le «de» partitif:	***Das partitive «de»***
	la quantité est déterminée.	*… bestimmt*

99 **Du déterminent au pronom** **Les démonstratifs** L'adjectif démonstratif accompagne le nom, le pronom démonstratif le remplace.	***Vom Nomenbegleiter zum Pronomen*** ***hinweisende Begleiter/Pronomen*** *der Demonstrativbegleiter* *begleitet das Nomen,* *das Demonstrativpronomen ersetzt es.*
Les possessifs «Leur» n'a jamais un -s devant un nom au singulier, «leurs» ne prend un -s que avant un nom au pluriel.	***besitzanzeigende Begleiter / Pronomen*** *«Leur» bekommt nie ein -s* *vor einem Nomen in der Einzahl* *... nur vor einem Nomen in der Mehrzahl*
Les interrogatifs qui: pronom simple qui est-ce qui: pronom composé La question se rapporte à une personne / à une chose.	***fragende Begleiter / Pronomen*** *... einfaches Pronomen* *... zusammengesetztes Pronomen* *... bezieht sich auf eine Person /* *auf eine Sache*
Les indéfinis «Plusieurs» est invariable. Quand «tous» est avant un nom, le -s ne se prononce pas.	***unbestimmte Begleiter / Pronomen*** *... unveränderlich* *... wird das -s nicht ausgesprochen.*
105 **Le pronom personnel + le pronom adverbial** Les formes fortes peuvent s'employer seules. Les formes faibles sont liées à un verbe.	***Das Personalpronomen + das Adverbialpronomen*** *Die betonten Pronomen können allein stehen.* *Die unbetonten Pronomen sind mit einem Verb verbunden.*
La place du pronom personmel La règle de base: Le pronom se place avant le verbe. Une seule exception: A l'impératif affirmatif, le pronom se place après le verbe.	***Die Stellung des Personalpronomens*** *Die Grundregel:* *Das Pronomen steht vor dem Verb.* *Eine einzige Ausnahme:* *Im bejahten Imperativ steht das Pronomen hinter dem Verb.*
Deux formes verbales: Le pronom se place avant le verbe auxiliaire «avoir» ou «être». Le pronom se place avant l'infinitif.	*Zwei Verbformen:* *Das Pronom steht vor dem Hilfsverb «avoir» oder «être».* *... vor dem Infinitiv*
Deux pronoms (avec le même verbe) Il faut que l'un des deux pronoms soit «le» ou «la» ou «les» (= élément obligatoire). impératif affirmatif: 2 traits d'union	***Doppelpronomen*** *Eines der beiden Pronomen muss «le» oder «la» oder «les» sein (obligatorisch...).* *... 2 Bindestriche*
110 **La proposition relative** est introduite par un pronom relatif. C'est une subordonnée. l'antécédent m. le pronom relatif simple Le pronom relatif composé ne s'emploie qu'après une préposition.	***Der Relativsatz*** *wird durch ein Relativpronomen eingeleitet.* *... ein Nebensatz* *das Beziehungswort* *das einfache Relativpronomen* *Das zusammengesetzte Relativpronomen wird nur nach einer Präposition verwendet.*
113 **L'adjectif et l'adverbe de manière** Quelques adjectifs courts et fréquents se placent avant le nom. la formation régulière / irrégulière de l'adverbe les adverbes en -amment/-emment La fonction et la place de l'adverbe La comparaison le comparatif / le superlatif	***Das Adjektiv und das Adverb der Art und Weise*** *... kurz und häufig verwendet* *die regelmässige / unregelmässige Bildung des Adverbs* *... auf ...* *Aufgabe und Stellung ...* *der Vergleich / die Steigerung* *der Komparativ / der Superlativ*

118 **Le complément circonstanciel**	***Die Umstandsangabe / -ergänzung***
– de temps	*der Zeit*
– de lieu	*des Ortesder*
– de manière / de moyen	*Art und Weise / des Mittels*
– de cause	*des Grundes*
– d'opposition / concessif	*des Gegengrundes*
– de but	*des Ziels / Zwecks*
les circonstances f.	*die nähern Umstände*
«Avant» (avec un nom) est une préposition,	*... eine Präposition*
«avant» (sans nom) est un adverbe de temps.	*... ein Adverb der Zeit*
«Avant que» est une conjonction.	*«Bevor» ist eine Konjunktion.*
une conjonction qui introduit une subordonnée	*eine Konjunktion, die einen Nebensatz einleitet*
La différence entre «avant» et «il y a»	Der Unterschied zwischen . . .
124 **Le nombre cardinal/les nombres cardinaux**	***Die Grund- oder Kardinalzahl(en)***
les dizaines / les unités	*die Zehner / die Einer*
le -s final de quatre-vingts	*das Endungs-s*
Le nombre 80 se termine par 0.	*die Zahl 80 endet auf 0.*
«Mille» est invariable.	*... unveränderlich*
«Million» est suivi de «de».	*Auf «million» folgt ein «de».*
Le nombre ordinal/les nombres ordinaux	***Die Ordnungs- oder Ordinalzahl(en)***
L'emploi des nombres	***Die Verwendung der Zahlen***
la date	*das Datum*
une fraction / un nombre décimal	*ein Bruch / eine Dezimalzahl*
126 **La ponctuation**	***Die Interpunktion***
le signe de ponctuation	*das Satzzeichen*
La virgule marque une pause.	*Das Komma markiert eine Sprechpause.*
le complément circonstanciel	*die Umstandsangabe*
la subordonnée	*der Nebensatz*
pas de virgule devant une proposition introduite par que	*kein Komma vor einem que-Satz*
127 **La séparation des syllabes**	***Die Silbentrennung***
une consonne seule	*ein einzelner Konsonant*
une consonne redoublée	*ein Doppelkonsonant*
des consonnes séparables/inséparables	*... trennbar/untrennbar*
128 **L'emploi de l'accent aigu**	***Der Gebrauch ...***
un «e» fermé	*ein geschlossenes «e»*
é: à la fin de la syllabe	*é: am Silbenende*
e: quand la syllabe se termine par une consonne	*e: wenn die Silbe auf Konsonant endet*

é	l'accent aigu	.	le point	. . .	les points de suspension
è	l'accent grave	,	la virgule	-	le trait d'union Bindestrich
â	l'accent circonflexe	;	le point-virgule	—	le tiret Gedankenstrich
ë	le tréma	:	les deux points	( )	les parenthèses/entre parenthèses
l'	une apostrophe	!	le point d'exclamation		
ç	une cédille	?	le point d'interrogation		
		« »	les guillemets / entre guillemets / ouvrez les guillemets: Anführungszeichen fermez les guillemets: Schlusszeichen		

Alphabetisches Wort- und Sachregister

a

b

c

d

e

f

g

h

i

j

k

l

m

n

o

p

q

r

s